R 9669

Berlin
1755

Beausobre, Louis de

Le Pyrrhonisme raisonnable

R 1830.
1.

LE
PYRRHONISME
RAISONNABLE

Opposuit natura Alpemque nivemque

A BERLIN
Chez ÉTIENNE DE BOURDEAUX,
Libraire du Roi et de la Cour.
MDCCLV.

AU ROI.

SIRE

En réflechissant sur les doutes, qui peuvent regner aujourdhui parmi les hommes, il est naturel

rel de penser à ceux, qui regneront dans les siecles à venir. La postérité, Sire, doutera de ce que nous voyons, & de ce que nous admirons.

Je mets, Sire, aux pieds de Votre Majesté ces foibles essais; daignés les regarder comme l'hommage d'un cœur pénétré de vos bontés.

Je suis avec un très profond respect.

SIRE

De Votre Majesté,

Le très humble très obéissant
& très fidele sujet

de BEAUSOBRE.

Avertissement.

Un assez grand nombre de fautes d'impression, qui se trouvent dans la premiere Edition de cet Ouvrage, & dont quelques-unes même défigurent le sens, beaucoup d'autres que j'ai faites, & qu'un peu de santé, plusieurs conseils utils, & le temps m'ont permis de corriger, m'engagent à en donner une seconde. J'ai ajouté à ces pensées quelques autres, soit pour fortifier ce que j'ai avancé, soit pour répondre à certaines objections. J'ai changé le titre (a), puisqu'il a

_____
(a) Le Pyrrhonisme du Sage, Berlin (Paris) 1754.

paru trop peu modeste, & qu'il ne me convient pas de prendre un ton au-dessus de mes forces, & de mon âge. Je ne cherche point à plaire aux ignorans, en plaidant, pour ainsi dire, leur cause; qu'ils ne s'imaginent pas, que les principes d'un sceptique les mettent de niveau avec ceux qui sont instruits : je n'ai point voulu flatter leur amour propre, je cherche encore moins à le blesser.

APOROS

APOROS
A' DELOS LE PHILOSOPHE,
SALUT.

On voit rarement, mon cher Délos, la nature faire de puissans efforts, & donner à cet Univers de ces ames élevées, nées avec tous les caractères de la véritable grandeur, avare de ses dons, elle produit peu de Monarques capables de gouverner seuls : on en voit encore moins combatre eux-mêmes à la tête de leurs armées ; tenir sans secours, avec prudence & avec succès, les rênes du Gouvernement ; aimer, protéger & connoître les Arts & les

le Philosophe.

les Sciences; sans favoris, & sans Ministres, chercher le mérite pour le récompenser; rappeller les Loix à leur ancienne simplicité; & servir à jamais d'exemple à ceux, que le sort appellera à l'Empire. C'est le plus haut degré de perfection auquel l'esprit humain puisse atteindre. Il a ses bornes.

nes. Que diriez-vous, Délos, d'un Monarque, qui voudroit aller bien au-delà; qui maître de la terre entiére, prétendroit gouverner seul, donner des loix aux fiéres nations du Nord, & aux peuples amollis du Midi; récompenser toutes les belles actions, & punir tous les crimes; ramener tous ses sujets aux

le Philosophe.

aux mêmes idées, & faire du monde entier un seul Etat, gouverné par un seul homme? Ne lui demanderiez-vous pas, s'il entend toutes les langues; s'il connoît les mœurs, le génie & le climat des différens peuples, qui composent son Empire; s'il a le temps de suffire à tout; s'il a assez de génie & de lumieres pour faire fleurir ses provinces, sans que le bien de l'une soit la perte de l'autre ; s'il peut, à temps, recevoir les nouvelles des endroits éloignés, & remédier aux désordres & aux révoltes ; si son esprit enfin peut saisir un aussi grand nombre d'objets ?

le Philosophe.

Que pensez-vous, Philosophe, qu'il pût vous répondre? Il seroit sans doute aussi embarrassé, que vous le feriez, si l'on vous demandoit : Vos sens sont-ils fidéles? Les idées que vous avez acquises par leur moyen, sont-elles justes? D'où les opinions, que vous avez adoptées, tirent-elles leur origine? Compre-

nez-

nez-vous les mots dont vous vous servez? Nul préjugé ne vous domine-t-il? Vos idées sont-elles distinctes, vos principes incontestables, vos expériences certaines? La persuasion, la conviction même, peut-elle nous tenir lieu de certitude? Avons-nous assez de force dans l'esprit, pour nous garantir des sophisphismes ? Est-ce toujours l'amour de la vérité, qui nous fait décider ? Ne nous rendons-nous pas à de légéres probabités ? &c.

Cher Délos, le langage que je vous tiens, vous paroîtra étranger : accoûtumé à des idées différentes, vous serez surpris, vous me plaindrez peut-être, vous vou-

voudrez me ramener à mes anciennes erreurs; & sans examiner, s'il est possible que vous ayez tort, vous me condamnerez. Prenez garde, qu'en me combatant ainsi, vous ne donniez à penser, que l'amour de la vérité n'est pas toujours le guide des Philosophes. Vous souvenez-vous de ces géants, qui voulurent esca-

le Philosophe.

escalader les Cieux? Avez-vous fait attention, que les rochers qu'ils entassoient les uns sur les autres, n'étoient pas assez solidement arrangés, que les pierres qu'ils lançoient vers les Cieux, retomboient pour écraser ces audacieux, qui n'apperçurent pas Jupiter, lorsqu'il les foudroya, & dont les efforts prodigieux n'eun'eurent dans la suite d'autre effet, que de devenir des exemples inutiles ?

Lisez, mon cher Délos, ces réflexions, que je vous presente, comme le fruit du desir que j'ai de m'instruire.

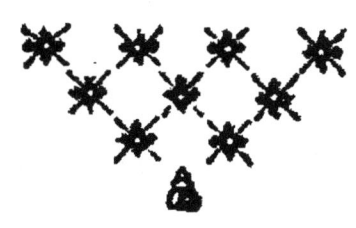

Chacun déja s'interrogeant soi-même
De l'Univers épluchoit le système.
Comment s'est fait tout ce que nous
    voyons?
Pourquoi ce Ciel, ces Astres, ces rayons?
Quelle vertu dans la terre enfermée
Produit ces biens dont on la voit semée?
Quelle chaleur fait meurir ces moissons,
Et rajeunir ces arbres, ces buissons?
Mais ces hivers, dont la triste froidure
Gerce nos fruits, jaunit notre verdure,
Que servent-ils? Et que servent ces
    jours
Tous inégaux, tantôt longs, tantôt
    courts?
          Ah!

Ah! que la terre en seroit bien plus
belle,
Si du Printems la douceur éternelle
Faisoit régner des jours toujours
réglés!
Ainsi parloient ces mortels aveuglés,
Qui pleins d'eux-mêmes, & sortant
des limites,
Par la Nature à leur être prescrites,
Osoient sonder, spectateurs criminels,
La profondeur des secrets éternels.
Folle raison! lumière déplorable,
Qui n'insinue à l'homme misérable
Que le mépris d'une simplicité
Si nécessaire à sa félicité!

LE PYRRHONISME RAISONABLE.

Lus je réfléchis sur les connoissances humaines, plus je me vois obligé d'abandonner les opinions, que le premier feu de ma jeunesse m'avoit fait embrasser : de tout côté, je ne vois qu'incertitude, & souvent des erreurs grossiéres. Un homme qui raisonne, condamne aujourd'hui ce qu'il approuvoit hier, & se

livre tour à tour à des idées entièrement opposées. Ne seroit-ce pas dans la foiblesse de l'esprit humain, & dans la précipitation avec laquelle on se livre à tout ce qui plaît, ou au moins à tout ce qui paroît vrai-semblable, qu'il faudroit chercher la raison de ces contradictions ? Le doute ne seroit-il pas le parti qu'un homme sensé doit choisir ? Les réflexions suivantes pourront peut-être répandre quelque lumière sur ce sujet.

II.

Il n'est rien de plus ordinaire, que d'entendre dire à des Philosophes: „Telle vérité est incontesta-
„blement démontrée, il faudroit
„être

„ être un Sceptique outré pour se „ refuser aux preuves qui l'établis- „ sent. " Je me défie de cet air d'assurance.

III.

On est si fort imbu de l'esprit dogmatique, que proposer le doute, c'est paroître manquer au bon sens ; on en appelle aux régles infaillibles de la Logique, aux sentimens des plus grands hommes, & à ceux même du monde entier : comme si la Logique n'étoit pas l'ouvrage des hommes ; comme si les plus grands esprits n'étoient pas sujets à l'erreur ; comme si un préjugé universel pouvoit avec raison, passer pour une vérité incontestable.

On a quelquefois l'imprudence de mépriser celui qui doute, parce qu'on ose s'arroger une infaillibilité, que l'idée seule de l'humanité détruit.

IV.

On lit trop, & l'on ne pense pas assez. Tel, qui se repose sur son immense lecture, ne commence à réfléchir que bien tard; mais son esprit est trop peu accoûtumé à combiner des idées, & à juger sur cette combinaison.

V.

Une des raisons de l'éloignement, que les hommes ont à reconnoître leur ignorance, est le temps qu'ils ont employé à étudier. Forcés par une dangereuse coutume

me à sacrifier la fleur de leur âge, & les premiers feux de leur génie, aux sécheresses de la Grammaire, ils passent des années entiéres à charger de mots leur mémoire, avant qu'on leur ait permis de penser, avant même qu'on leur ait dit quelque chose de raisonnable. Ce n'est pas ainsi qu'on s'oppose aux préjugés de l'enfance, & de l'éducation, préjugés si difficiles à détruire. C'est comme si l'on amusoit un Général, qui est sur le point de livrer bataille, de tous les noms des soldats qui obéissent à ses ordres : ajoûtez à ce temps si mal employé, le nombre d'années qu'ils passent sous des maîtres moins pé-
dans.

dans, & à celles-ci bien d'autres, qu'ils sacrifient encore à l'étude & à la méditation ; & demandez-leur après cela, qu'ils fassent l'aveu de leur ignorance : c'est trop exiger de l'humanité.

VI.

Je préférerois le Scepticisme le plus outré à cet esprit de secte, qu'on, ne sçauroit trop mépriser, lorsqu'il s'agit de Philosophie. Il est honteux de ne défendre des opinions que par passion.

VII.

Qu'est-ce qu'un sectateur ? C'est un homme qui croit avoir la force de distinguer le vrai d'avec le faux, & qui s'abandonnant à ses maîtres, croit

croit sans examen tout ce qui lui est enseigné. C'est un homme, qui à force de préjugés, se trouve porté à défendre les opinions de ceux qui l'ont instruit, avant même de les comprendre.

VIII.

Il semble que la vérité une fois trouvée, on ne sçauroit plus croire le contraire, ni donner dans une erreur qui lui soit directement opposée. Cependant *Hobbes* (a), ce

fameux

___

(a) On a eu des idées bien fausses sur le sujet de ce grand homme. Son *Leviathan* a été regardé comme un ouvrage pernicieux: cependant si on le lit sans prevention, & qu'on s'explique, ces prétendues erreurs s'eclipseront bientôt. M. *Korskols* a eu

fameux génie de l'Angleterre, persuadé que les esprits & les fantômes sont des supercheries ou des illusions, ne pouvoit s'empêcher d'être aussi craintif, qu'un enfant que sa nourrice a fait trembler.

IX.

Dans combien de travers les plus grands Philosophes n'ont-ils pas donné? Preuve que la vérité est difficile, peut-être impossible à trouver. *Ciceron* avoit bien raison de dire, qu'il n'y a point d'absurdité, qui ne soit venuë dans l'esprit de quelque Philosophe.

X. Si

a eu grand tort de parler d'*Hobbes* avec si peu d'estime, & de l'associer à *Spinosa* dans son Ouvrage intitulé: *Les trois Imposteurs, Cherbury, Hobbes & Spinosa.*

X.

Si nous nous efforçons de conserver notre esprit exempt de préjugés, nous trouverons qu'il n'y a peut-être rien, qui ait droit de nous paroître réellement certain. Si au contraire nous nous abandonnons aux raisonnemens humains, nous aurons le fort des *Hobbes*, des *Tycho-Brahès*, des *Vossius*, des *Nicoles*, & de cent autres.

XI.

Tycho - Brahè se moquoit des frayeurs que les éclipses causoient; & si en sortant le matin, il rencontroit une vieille femme ou quelque convoi funébre, il n'osoit passer outre, & s'en retournoit chez lui.

Vossius se railloit des saintes Ecritures, & avoit en même temps une crédulité imbécile, pour tout ce qu'on lui rapportoit de la Chine & du Japon. *Nicole*, qui a donné des régles admirables, pour conduire l'esprit humain dans la recherche de la vérité, n'a-t il pas été séduit par les erreurs, que ses amis même lui suggéroient? *Cardan*, malgré sa superstition, nioit l'immortalité de l'ame. *Demosthene*, le plus grand des Orateurs Grecs, étant à bataille de *Cheronée*, où il avoit eu le courage d'aller s'exposer, fier de ses principes philosophiques, prit la fuite dès qu'il vit les premiers rangs éclaircis : sa peur fut si grande, qu'il qu'il demanda quartier à un buisson, auquel son habit s'étoit attaché. Aurois-je donc tort de dire, que les hommes défendent des erreurs & des vérités, sans les avoir examinées ; que l'incertitude, dans laquelle ils sont plongés, paroît tôt ou tard par leurs actions, & qu'il en faut moins accuser leur volonté, que les bornes étroites de leur esprit, & les préjugés auxquels ils ont eu le malheur de se livrer.

XII.

Qu'on essaye de démontrer les vérités les plus communes & les plus évidentes, on n'y parviendra jamais, sans avoir recours, ou à des principes, que faute de lumiéres,

res, on est obligé de regarder comme certains, ou à des faits qu'on ne connoît point.

XIII.

Dans tous les momens de notre vie, nous avons sous nos yeux, & en nous mêmes, des preuves de notre foiblesse : soit que nous voyions, ou que nous soyions vus, que nous agissions, ou que tranquiles spectateurs, nous regardions agir les autres, nous pouvons nous convaincre, que notre esprit a ses bornes comme nos sens.

XIV.

Les Scythes avoient coutume de dire à celui, qui avoit fait quelque belle

belle action : *Tu es un homme.* On peut le dire, mais dans un sens bien plus vrai, à tous ceux qui raisonnent, quelque supérieures que soient leurs lumières. Si l'on pénétroit dans l'intérieur des hommes, qu'on seroit surpris de voir souvent les plus belles actions ternies par la lâcheté des motifs! Il n'en est pas autrement de nos raisonnemens : analysez ces idées abstraites, ces argumens captieux, vous n'y trouverez que de l'obscurité & du fard. Celui qui nous les propose, n'en connoît pas le foible, il en est lui-même ébloui. Comble de l'aveuglement!

XV.

La nouveauté est pour les hommes un tiran bien singulier. Les uns frappés de tout ce qu'ils ne connoissent pas, la regardent comme un *titre d'adoption*: les autres, surpris, que leurs péres n'aient pas tout vû, ni tout entendu, s'imaginent que l'ancienneté est le sceau de la verité.

XVI.

Mes doutes se dissipent, disoit DIOCLES, *Epicure à genoux me prouve la grandeur de Jupiter.* Le prejugé d'autorité est le plus commun, & le plus difficile à détruire. Comment cela s'accorde-t-il avec notre vanité?

XVII.

Défions-nous de cet air imposant des Philosophes, lorsqu'ils nous demandent d'envisager quelque chose, non par le moyen de l'imagination, mais par la seule raison, abstraction faite de toute représentation d'êtres sensibles. Je voudrois bien connoître un homme qui pensât de la sorte. Si l'on fait attention à l'origine des idées, & au siége qu'elles ont dans le cerveau, à l'impossibilité de se représenter quelque chose qui ne soit pas corps, (*a*) on verra quels sont

les

(*a*) Nous ne sçaurions même nous représenter un corps, que nous n'en ayons auparavant acquis une idée par les sens, du moins par rapport aux parties qui le composent.

les débiles fondemens du fanatisme philosophique.

XVIII.

Tout concourt à faire de la plupart de nos raisonnemens des Sophismes, ou des propositions qui ne signifient rien. Nous ne parlons que par prejugé & par passion. Ingénieux à nous rappeller tout ce qui peut donner de la couleur à ce que nous voulons soutenir, à éloigner de notre esprit, ou du moins à affoiblir, ce qui paroit opposé au sentiment, que nous voulons embrasser, nous nous affermissons dans l'erreur; & c'est ainsi que nous osons nous flatter d'aimer la verité, & de la connoitre. XIX.

XIX.

Il est même singulier, que les hommes se vantent de l'aimer, eux à qui il faut des façons, pour la leur faire recevoir. Ils se choquent du ton, l'Auteur quelquefois leur déplait, ils pensoient différemment lorsqu'on a découvert telle vérité. Faut-il donc les regarder comme des Dieux, brûler de l'encens en leur honneur, & leur demander à genoux d'écouter la raison?

XX.

Les lumieres de l'esprit qui, apres les qualités du cœur, mettent une différence réelle entre les hommes, souffrent encore d'un

reste

reste de barbarie, qu'on ne pourra jamais détruire. Les Arts & les Sciences ont à se plaindre de toutes les Nations de l'Univers. On sçait qu'*Homere* récitoit ses vers pour avoir du pain ; que *Plaute* faisoit tourner la meule d'un moulin ; que *Xilander*, pour faire un petit repas, fut obligé de vendre ses remarques sur *Dion Cassius* ; que *Dion Chrysostome* fut contraint pour vivre, de travailler comme un vil esclave ; qu'*Agrippa* mourut dans la plus affreuse misere ; que *Michel de Cervantes* périt faute de nouriture ; que le *Tasse* (a) n'avoit pas le

(a) Il prioit les yeux de sa chatte de l'éclairer, *non havendo candele per scrivere i suoi versi*.

le moïen de se faire éclairer ; que le Cardinal de *Bentivoglio*, parvenu à un age fort avancé, etoit fort à l'étroit ; qu'*André du Chesne, Vaugelas, du Ryer*, travailloient à la hâte pour pouvoir vivre ; que *le Sage* mourût réduit à la misere. Ce n'est pas tout, la vanité de la pluspart des hommes ne s'est pas contentée, de refuser aux Lettres les avantages, qu'elle prodigue à la naissance, au rang, & à l'opulence, elle a encore voulu les humilier par le mépris.

XXI.

Le zele indiscret d'une infinité de Théologiens, a été une autre raison pour accréditer l'erreur, & un nouvel obstacle à la découverte de quel-

quelques vérités, ou de quelques vraisemblances. Un homme, qui qui craint les persécutions, esclave des idées reçues, préfére le repos & la paix à l'étude de la Philosophie; son esprit se ressent de cet esclavage, il apprend à ramper avec les autres. Toutes les injures que les *Petaus*, les *Scaligers*, les *Saumaises*, les *Bentleys*, les *Burmans*, se sont dit mutuellement, les ont rendus méprisables aux yeux de ceux qui pensent bien, mais elles n'ont point nui aux progrés des Sciences. Ces persécutions au contraire, quoiqu'assez souvent sans conséquence pour les biens de la vie, n'eussent-elles eu

de

d'autre effet, que celui d'affoiblir l'ardeur d'un aſſez grand nombre de Philoſophes, ſeroient à regarder comme des fléaux plus terribles que la peſte. Il eſt horrible de ſe plaire à rendre la religion d'un homme ſuſpecte; on lui ôte ainſi la confiance d'une infinité de perſonnes, qui s'imaginent que la bigotterie eſt inſéparable de la vertu. Il eſt très facile de trouver du rapport entre des ſentimens, au fonds très oppoſés. (a) Si *Platon* avoit vécu

(a) *Haſſel* dans la Préface, qu'il a miſe à la tête de l'*Anti-Spinoſiſme* de *Wittichius*, & dans celle, qui ſe trouve à l'Ouvrage du même Auteur, ſur l'*Epitre de S. Paul aux Hébreux*, veut prouver, que les ſentimens d'*Ariſtote* & de *Spinoſa* reviennent au même.

vécu de nos jours, peut être qu'au lieu de chercher de la reſſemblance, entre ſes trois principes & le Myſtère de la Trinité, (ce qui a fait croire qu'il avoit puiſé la doctrine dans l'Ecriture ſainte), on l'auroit traité de *Spinoſiſ*., qui fait le Monde eternel, qui n'admet que de la matiére, & qui ſe ſert de ſon ſiſtème des idées, comme d'un voile pour cacher ſon atheïsme.

XXII.

Quels embarras, que de difficultés, lorſqu'il s'agit de donner à un homme, l'idée du gout d'une choſe qu'il n'a jamais connuë! On eſt obligé de ſe contenter de comparaiſon, & de le faire juger de ce qu'il qu'il ne connoît pas, par ce qui nous paroît approcher le plus, de ce que nous voulons lui faire connoître. Manquer d'idées, lorsqu'ils s'agit d'êtres, que nous avons tous les jours sous nos yeux, que nous distinguons fort bien, que nous nous rappellons avec très-peu de peine, dont le souvenir nous fait plaisir & nous fait naître des desirs, que nous savourons avec volupté, dont nous sentons les différents degrés de bonté, n'est-ce pas donner la preuve la plus convaincante de la foiblesse de notre esprit?

XXIII.

Il ne nous faut peut-être qu'un peu

peu plus de force dans l'esprit, pour nous convaincre qu'aucun raisonnement humain n'est sans erreurs : on ne doit les attribuer, ni à la malice du cœur de l'homme, ni à une impuissance qu'il auroit pû vaincre, mais à sa foiblesse naturelle. On se trompe souvent de bonne foi, quelquefois par un manque de jugement, & presque toujours faute de connoissances exactes.

XXIV.

Un esprit médiocre suffit, pour donner de la couleur aux sentimens les plus faux, & les plus absurdes. *Les raisonneurs* aiment à se livrer à des argumens ; ils admettent tout,

pourvû

pourvû qu'il y ait de l'obscurité, du paradoxe, & de la démonstration : on a vû (a) paroître dans le siécle passé une petite brochure, ou l'on tachoit de prouver que les femmes ne sont pas partie du genre humain : je ne sçais si cet écrit badin, composé à dessein de jetter du ridicule sur ceux, qui veulent tout pouver par les saintes Ecritures, ne pourroit pas me servir de preuve, pour appuyer ce que je viens d'avancer. Qu'on examine ce petit ouvrage, les raisonnemens qui s'y trouvent, l'absurdité de la propo-

(a) *Mulieres non esse homines :* cette dissertation a été faussement attribuée à *Aldius Valens.*

B

proposition qui en fait le sujet, & que l'on compare tout cela avec les vrai-semblances, que les Philosophes veulent démontrer, on sera obligé d'avouer, qu'on risque beaucoup en s'abandonnant à de prétendues démonstrations.

XXV.

Il est dangereux de se livrer aux spéculations de la Metaphysique ; il arrive assez souvent, qu'on donne dans des idées si singuliéres, qu'on se fait un sistème inintelligible pour tout autre, que pour soi. Je connois un homme, qui a démontré l'existence du rien : voici sa démonstration : *La distinction ou la différence des choses est réelle, quand*

quand la pluralité est réelle : car ce n'est point parce que nous disons, qu'il y en a effectivement, mais c'est parce qu'il y en a réellement plusieurs, que nous pouvons dire avec vérité, que telle chose n'est pas telle autre, mais qu'il y a pluralité. Si la différence des choses est réelle, il y a donc négation réelle ; or la négation & le rien sont la même chose, donc le RIEN existe. c. q. f. d.

XXVI.

L'esprit a nui quelquefois aux sciences. On se plaît souvent à défendre des idées singuliéres, & à répandre une espece de nuage sur ce qui paroît le plus vraisemblable. Cardan a fait le Panégyrique de

B 2   Neron,

Neron, *Glaucon* celui de l'Injustice, *Favorin* celui de la fièvre quarte, *Sallengre* celui de l'Yvrognerie : *Synesius* a loué la tête chauve, *Erasme* la Folie, *Passerat* & *Angelo Gabrieli* le Rien ; nous avons encore l'eloge de la Pauvreté, & celui de l'Ignorance. Il est vrai que tous ces Ouvrages destinés à l'amusement, ne sont d'aucune conséquence pour la vérité ; mais il ne l'est pas moins, que ces plaisanteries découvrent l'inclination des hommes pour tout ce qui étonne.

XXVII.

Il n'y a point de sentiment qui ne trouve des défenseurs & des adversaires. Il y a toujours de part & d'autre

& d'autre des gens éclairés, & qui, bien-loin de chercher à se faire illusion, travaillent avec ardeur à découvrir la vérité. Quel parti choisir?-lequel des deux est dans l'erreur? qui les jugera? Doutons, c'est le parti & le plus sûr, & le plus sage; on le prend, lorsqu'on n'a ni assez d'amour propre, ni assez d'aveuglement, pour ne se défier jamais de soi-même. Ce qui (a) est contesté, ne sçauroit être re-

gardé

───

(a) Sera-t-il nécessaire que j'excepte ici tout ce qui regarde la Religion? Pourroit-on croire qu'il n'y en ait point de vraie, parce qu'il n'y en a point qui n'ait ses adversaires? Quelle différence entre les connoissances humaines & celles de la révélation!

gardé comme certain : il n'est pas croyable que, s'il y avoit des raisons convaincantes, on s'y opposât par le seul plaisir de contredire. On s'est bien défabusé, malgré les préjugés les plus forts, du prétendu mouvement que le Soleil devoit avoir autour de la Terre : les obstinés se sont tus. Lorsqu'il s'agit de spéculation, on ne veut point céder, tout le monde croit avoir raison, & personne ne l'a sans doute.

XXVIII.

Il n'est pas nécessaire de parler ici de ces difficultés, qui ont arrêté les plus grands hommes, lorsqu'ils ont été de bonne foi ; que peut-

peut-on dire en effet de bien clair, & de bien certain, je parle en Philosophe, sur l'éternité ou la création du monde, sur les premiers principes de tout ce qui existe, sur l'espace & le temps, sur la liberté, sur le mal moral, &c? Qu'on lise avec attention la *Philosophie du bon sens*; on verra si j'ai tort.

XXIX.

Je voulois un jour me démontrer l'existence des corps : je commençois par chercher à m'en faire une idée claire; je raisonnois sur des principes qui me paroissoient évidents; ils me conduisirent bientôt à nier tout ce que mes sens me garantissoient.

XXX.

Les Anatomistes, en cherchant à déterminer le siége de l'ame, ont donné dans des idées bien extraordinaires : il n'y a point de *recoin* dans la tête, qui ne leur ait paru ce siége si difficile à découvrir. Mr. *de la Peyronie* (a) a prouvé par des Expériences, que ce n'étoit ni le cervelet, ni ses peduncules, ni les *nates*, ni les *testes*, ni la glande pinéale, ni les corps cannélés, ni les croutes, cordons, ou filets de la substance médullaire, qui environnent l'*anus* & la *vulve*, ni la base de la moëlle allongée, ni

___
(a) Mem. de l'Académie des Sciences, année 1741.

ni enfin la substance corticale du cerveau. Il a cru trouver dans le corps calleux ce qu'il cherchoit. Une opération l'en convainquit. Il fit perdre à un homme, qu'il trépanoit, & lui rendit tour à tour l'usage de la raison, (du moins en apparence,) à la faveur de l'injection de quelque liqueur, qu'il laissoit ensuite écouler. Lorsque le corps calleux étoit comprimé, les fonctions de l'ame sembloient être suspendues, & le malade ne sortoit de cette espece d'anéantissement, qu'après l'écoulement de cette même liqueur. L'opinion de cet Académicien, connue avant lui, & soûtenue par de très-habiles

Anatomistes, ne répand point sur ce sujet toute la clarté qu'on voudroit y trouver; elle n'indique point la nature de ce siége, ni celle de l'union de cet endroit avec l'ame. D'ailleurs, le corps calleux est un composé de petits vaisseaux limphatiques, d'où tous les nerfs du corps tirent leur origine. Il s'agiroit donc de sçavoir, 1°. s'il y a dans le corps calleux un point central, plus propre que le reste, à servir de siége aux fonctions de l'ame : 2°. si, lorsque cette partie du cerveau est comprimée, l'usage de la raison est suspendu, à cause de cette compression, ou s'il ne l'est que, parce que le corps calleux étant comprimé,

primé, les nerfs font troublés dans leur jeu: 3°. fi la circulation des liqueurs, qui font dans les vafes limphatiques, fe trouvant arrêtée, n'eft pas la véritable caufe du phénomene en queftion: 4°. fi la compreffion du corps calleux n'eft pas la caufe de la compreffion d'une autre partie du cerveau, où fe trouve effectivement le fiége des fonctions de notre ame: 5°. fi le *sphacele* de cette partie eft la raifon immédiate de la fufpenfion des mêmes fonctions, ou s'il n'en eft qu'une caufe occafionnelle, parce qu'une obftruction dans le corps calleux doit néceffairement empêcher la circulation des liqueurs:

6°. &

6°. & enfin si les Anatomistes connoissent toutes les parties du cerveau. J'entrevois ici des difficultés, qui me paroissent mériter quelque attention. Mr. *de la Peyronie* imagina dans la suite, que le siége des fonctions de l'ame étoit différent de celui des sensations; il plaçoit le dernier dans la moëlle allongée. Nous n'avons rien de lui là dessus: il est fâcheux qu'il ne nous ait pas donné ses conjectures, quelque peu de raison que nous ayons de croire, qu'elles eussent servi à dévoiler un mystere impénétrable, nous avons pourtant sujet de les regretter. Un grand nombre d'Expériences est le seul reméremède, propre à nous faire abandonner enfin le systèmatique dans des matieres aussi peu connues.

XXXI.

L'amour propre est la source des chimères philosophiques : on s'efforce de comprendre tout, & on se flatte à la fin de n'avoir pas fait d'inutiles recherches. Il faut que les Philosophes raisonnent sur tout, pour ne pas laisser à d'autres, des idées dont ils se glorifient, & qui humilieroient un Sage. Je suis bien éloigné d'être aussi éclairé qu'eux ; mais je me plaindrois de n'être pas persuadé, que j'ignore bien des choses, qu'ils croyent sçavoir.

XXXII.

Quelque simple que soit une chose, la connoissance cependant, qu'on veut en avoir, dépend d'une infinité d'autres. Il faut pénétrer un abysme avant que de connoître un grain de sable. Car tout est lié dans la nature : il y a un lien de causes & d'effets, d'actions & de *réactions*, d'égalité, de ressemblance, &c.

XXXIII.

Il y a plus : supposé qu'on ait une idée juste de quelque chose, à quoi reconnoîtra-t-on que l'on ne s'est point trompé ? quelle est la marque infaillible de la vérité ? Qu'on ne me parle pas de l'évidence,

dence, de *ce qui saute aux yeux*, de ce que l'on conçoit clairement: car qu'elle est l'erreur qui ne trouve pas ses partisans? L'évidence est de toutes les démonstrations celle qu'on recherche le plus; elle est la plus foible, lorsqu'on n'est pas prévenu.

XXXIV.

J'avoue qu'il y a des idées si vrai-semblables, qu'elles nous laissent à peine le tems, & presque jamais la force de douter; elles subjuguent notre esprit: mais cela ne sçauroit prouver qu'elles sont vraies. Ces vrai-semblances n'entraînent peut-être notre assentiment, que parce que certains préjugés

jugés nous dominent. Un Musulman regarderoit au moins comme ridicule, celui qui lui parleroit des erreurs de l'Alcoran. L'evidence, ou plutôt la certitude, que nous croyons appercevoir dans nos idées, dépend des principes que nous avons adoptés. Une Négresse nous déplaît, parce que nous sommes blancs ; l'Attraction nous révolte, parce que nous sommes Cartésiens ; nous croyons qu'il est indécent d'aller nuds, parce que nous avons toujours été couverts. Nos principes, nos usages, nos sens, peuvent être plus ou moins imparfaits que nous ne pensons ; nous ne saurions en juger, parce que

que nous manquons, si j'ose ainsi parler, de *tarif*. Il faudroit que nous eussions un modèle parfait, d'après lequel on pût déterminer, par le plus ou le moins de conformité qu'il y auroit entre lui & nous, le degré de perfection ou d'imperfection de nos principes, de nos usages, & de nos sens. Au berceau nous avons craint les fantômes; enfans nous étions superstitieux; un peu plus âgés nous aimions le libertinage; aujourd'hui nous nous flattons d'être raisonnables : autrefois nous distinguions les objets de fort loin, à présent il n'en est plus de même. Une idée ne se présente jamais à notre esprit

esprit de la même manière. Hier on croyoit prouver, ce matin on doutoit, on est au moment de nier.

XXXV.

Il y a partout des difficultés, & des difficultés insurmontables à l'esprit humain. On les trouveroit, si on ne tâchoit pas d'en éviter jusqu'à l'ombre, ou du moins si l'on se donnoit la peine de les rechercher. On diroit, qu'il est honteux de ne pouvoir pas résoudre toutes les difficultés, qu'on peut opposer au sentiment, que nous avons embrassé; comme s'il dépendoit de nous, d'ôter à notre esprit ses erreurs & sa foiblesse. Nous nions tout ce que nous ne com-

comprenons pas; nous nous croyons en état de discerner partout le vrai d'avec le faux. Opinion qui ravage le monde pensant, & qui éloigne les hommes du chemin, que le Sage doit suivre.

XXXVI.

Les gentillesses d'un chien, la finesse d'un renard, l'état d'un apoplectique, les terreurs subites, les folies passagéres, sont des mystéres pour les Métaphysiciens, de l'aveu même des plus grands amateurs de la démonstration. Or, je vous prie, la Nature se cache-t-elle, ou se dévoile-t-elle plus dans un endroit que dans un autre? Est elle moins mystérieuse dans certains mo-

momens que dans d'autres ? Elle l'est assurément par-tout, quoiqu'inégalement, mais toujours assez pour se dérober aux recherches d'un esprit, aussi borné que le nôtre.

XXXVII.

Je comparerois volontiers les recherches de la Métaphysique, à celle de la pierre philosophale. Ecoutons le Chymiste : ,, Dieu,
,, dit-il, a créé le monde d'une
,, seule & même matiere, qui ne
,, nous paroît dissemblable, que
,, parce que ses particules sont dif-
,, féremment arrangées ; pourquoi
,, compter plusieurs élémens lors-
,, qu'un seul peut suffire ? Ce que
,, j'avance

„ j'avance, ne renferme aucune „ contradiction, il est donc pos- „ sible; & comme il ne convient-pas „ à la souveraine Sagesse, d'em- „ ployer des moïens superflus, „ nous pouvons conclure de la pos- „ sibilité a l'existence de la matière „ *similaire*. Il ne s'agit donc „ que de donner un certain arran- „ gement aux parties d'un métal, „ pour le changer en un autre. La „ possibilité ne sçauroit être niée; „ & celui qui connoît la force du „ feu, jugera facilement qu'on „ peut éspèrer cette *transmutation* „ des soins & des recherches d'un „ habile Chymiste. ,, Que répondre à ces raisonnemens? Cependant

tout

tout homme sensé plaint l'erreur, de ce Chymiste & n'a garde de donner dans ses idées. Il en est de même de la Métaphysique : on pose des principes qui paroissent certains; on en tire des conséquences, qui nous entraînent souvent : mais celui qui ne se précipite point, ne sçauroit ajoûter foi à toutes ces idées obscures, source d'un si grand nombre d'erreurs. Et en effet, qui sommes-nous, pour fouïller dans les secrets de la Nature, tandis qu'une machine un peu composée paroît souvent une espece de prodige, à celui qui n'en a pas vû les ressorts?

XXXVIII.

Si des faits, que tous nos sens

nous

nous garantissent, tel que l'existence des corps, ne sçauroient être démontrés, & souffrent encore tant de difficultés; quel cas ferons-nous de ces idées Méthaphysiques, qu'on regarde comme les Principes de toutes nos connoissances? Je ne vois pas ce qu'on pourroit répliquer de triomphant à un Idéaliste, qui nous assure que le Monde sensible n'est qu'une suite d'idées rapides & momentanées, qu'un Etre supérieur met dans nos esprits, sans qu'il y ait rien au dehors de réel, & de différent de l'ame qui a des représentations. ,,Car, ajoû-
,,te-t-il, si le but que Dieu s'est
,,proposé dans la création, est le
,,bon-

„ bonheur des créatures raisonna-
„ bles, les corps sont inutiles; si
„ les idées qui naissent dans leur
„ esprit, pour peu qu'elles y de-
„ meurent, suffisent pour les ren-
„ dre heureuses ou malheureuses,
„ à quoi bon ces corps, qui ne
„ contribuent en rien à la fin que
„ Dieu s'est proposée? Pourquoi se
„ servir de moyens superflus? Pour-
„ quoi y auroit-il du physique,
„ s'il n'entre point en ligne de
„ compte? La réalité du Monde
„ sensible est donc inutile; & si
„ l'on admet une Divinité sage, je
„ conclus que le Monde sensible
„ n'existe pas. "

XXXIX

XXXIX.

Pourrons-nous démontrer plus facilement l'erreur des Egoïstes, & des Matérialistes? Il y a sans doute de la folie à s'imaginer, qu'on est le seul être existant, & on humilie peut-être l'homme, en donnant à la matiere la force de penser; mais on ne sauroit démontrer qu'une folie, & qu'une idée humiliante, soient des erreurs.

XL.

On nous dit tous les jours: *Ne vous laissez point éblouïr par le brillant:* on devroit ajoûter, *ni par les démonstrations.* Elles éblouïssent notre esprit, & nous empêchent d'être humbles & raisonnables.

XLI.

Tout cet appareil d'érudition, cet air d'assurance, & ce ton décisif des Philosophes didactiques, ne m'en imposent point. Perçons, & allons trouver l'homme qui veut se voiler : demandons-lui s'il s'entend lui-même. *Qui vult decipi, decipiatur.*

XLII.

On se moque de la méprise étrange de *Raggi (a)*, qui prit un jour le Code pour un faux témoin, qu'il falloit faire pendre ; mais si l'on connoissoit la Nature aussi bien que l'Histoire littéraire, on verroit autant

(a) Protonotaire de la Chambre Apostolique sous Urbain VIII. Un autre prit la Cabale pour un herétique.

autant de *Raggi* en Philosophie, qu'il y a de Philosophes.

XLIII.

Euripide disoit, (a) qu'il n'est rien de plus utile aux hommes qu'une sage incrédulité. Il avoit assez d'esprit pour sentir ce qu'il disoit: on en a trop aujourd'hui pour le croire.

XLIV.

Le Pyrrhonisme révolte notre amour propre: quel ennemi, & qu'il faut de courage pour l'attaquer! En vain je dirai, qu'on peut douter sans nier, en avouant même que ce dont nous doutons, peut être vrai-semblable; qu'il ne s'agit ici, que de ne rien admettre pour démon-

(a) Helene, Acte V.

démontré, parce que rien ne l'est: je serai toujours condamné; mais ne le soyons pas, sans porter quelque coup à nos adversaires. Qu'appelle-t-on démontrer? N'est ce pas établir sur des principes incontestables ce qu'on propose, prouver tout ce que l'on avance par la nature même de la chose? Que celui qui ne connoît rien que par les sens, qui se trompe même à tous momens, sur des faits dont il est facile de s'assurer, qui employe des mots dont il n'a qu'une idée vague; que l'homme, pour tout dire en un mot, ait des principes incontestables; que s'il les a, il puisse le prouver; qu'il connoisse

noisse enfin la nature du plus cherif de tous les êtres: c'est ce que je ne sçaurois concilier, avec la confusion qui regne dans ses idées.

XLV.

Pourquoi se revolter contre le Pyrrhonisme? Tout ce que nous faisons dans la vie, est-il fondé sur autre chose, que sur du vraisemblable? Les Sciences nous tiennent-elles donc plus à cœur, que la fortune d'un enfant chéri, que la vie d'une mére adorée, que notre propre conservation? Nous donnons une certaine éducation, & de certains principes à un enfant, sans savoir précisément, si cette éducation & ces principes conviennent à son naturel, & s'ils ne seront peut-être pas un jour les causes premieres de tous ses malheurs : nous prêtons les mains aux expériences d'un Médecin, qui peuvent être funestes à une personne, dont la vie nous est précieuse : nous éprouvons sur nous-mêmes des remèdes, que nous ne connoissons pas.

XLVI.

Montagne, La Mothe le Vayer, Huet, Bayle, ont soutenu avec vigueur, ce qu'ils avoient appris, ou en refléchissant eux mêmes, ou en suivant les sages réfléxions de *Pherecyde*, de *Socrate*, de *Sextus Empiricus*, & de tant d'autres. Le Pyrrhorhonisme avoit en ces grands hommes de bons défenseurs; on croit aujourd'hui pouvoir les réfuter sans peine :

HERCULE *est dans la tombe, & les monstres renaissent.*

XLVII.

Un raisonnement ne sçauroit être juste, par la seule raison, qu'il paroit n'avoir point de défauts. Tout ce qu'on peut dire sensément, c'est qu'il est vrai-semblable pour celui, qui n'y entrevoit que de la vérité. Il en est de tout ce que nous croyons, comme des évenemens de la vie qu'on prévoit, & dont on est moralement certain, mais qui sont pourtant sujets à manquer.

XLVIII.

Ces idées ne doivent pas plus nous empêcher de nous déclarer pour une hypothese, ou pour un sentiment, que l'incertitude des évenemens de la vie ne nous doit laisser indéterminés sur le parti, que nous avons à prendre ; mais nous ne devons nous décider qu'avec le sentiment de notre insuffisance. Il faut penser, & vivre en suivant ce qui nous paroît le plus vrai-semblable, sans nous imaginer que ce soit là précisément la vérité. Le hazard nous la fait trouver quelquefois, mais sans le sçavoir certainement ; de même que dans la vie il nous procure le bien-être

être, sans que nous soyons assurés, si dans l'enchaînement des choses, dans les circonstances où nous sommes, & dans celles où nous serons, tel parti est effectivement, celui que nous aurions dû prendre. Il ne faut pas s'en fier aux apparences : le cercle de nos connoissances est trop resserré, la liaison des événemens de ce monde trop imperceptible. Contentons-nous de faire tout ce que nous pouvons dans la recherche de la vérité, ainsi que nous devons nous contenter de notre état, parce qu'il pourroit être infiniment plus triste. Humilions-nous; & laissons à d'autres la foiblesse de croire qu'ils peuvent

*Vel cœlo deducere Lunam,
Et vertere sidera retrò.*

XLIX.

Les hommes n'adoptent pour l'ordinaire, que des idées conformes à leur tempérament, & les Philosophes ne font pas mieux ; quoiqu'initiés dans des mysteres spécularifs, ils ne cessent pas d'être hommes. Peut-être ne faudroit-il connoître que le tempérament d'un Philosophe, & les opinions qui se sont présentées à son esprit, pour deviner son système, & pour apprendre les idées qu'il adopte, & celles qu'il rejette. Il arrive souvent, que ce qui nous engage à nous déterminer pour un sentiment, plûtôt que pour

pour un autre, n'a aucun rapport avec la question dont il s'agit. Je pense que plus d'un Philosophe auroit à rougir, si l'on pouvoit lui faire connoître tous les motifs, qui l'ont déterminé dans le choix de ses opinions : (qu'il y auroit là de traits d'un esprit peu philosophique!) (*a*) On oublie avec l'âge ces anecdotes humiliantes, & on s'imagine à la fin croire par raison, ce que l'on n'a commencé d'admettre que par passion.

___

(*a*) Le célèbre *Scaliger* ne refusa d'accepter la réformation du Calendrier Grégorien, que par un motif, qui lui fit peu d'honneur. Des Nations entières ont eu le même tort.

L.

Il y a plus, les modes même exercent un empire sur notre esprit. Autrefois, (c'est la pensée d'un homme de beaucoup d'esprit) les hommes étoient plus grossiers; amateurs du solide, ils en vouloient par-tout: aussi ne manquerent-ils pas de faire les Cieux de crystal. A' mesure que le goût a changé, & que l'on s'est attaché à des choses plus déliées, les Cieux aussi ont changé de consistance. *Copernic* a détruit cette solidité; *Scheiner* a supposé les Cieux fluides, *Des-Cartes* & *Malebranche* n'en ont fait que de *l'Æther*. Il ne reste plus qu'à attribuer à l'imagination,

tour

tout ce qu'on voit dans les airs, pour pouvoir dire que le rafinement est à sa perfection. L'histoire des modes servira donc d'éclaircissement à l'histoire de la Philosophie.

LI.

Les Philosophes admettent tout, lorsqu'il s'agit de défendre leurs opinions. On diroit que le bonheur de l'Etat en dépend. Le ridicule, l'impossible, est une petite barrière pour eux, leur imagination la leur fait franchir sans peine. (*a*) *Quicquid volunt somniant.*

___
(*a*) *Blondel*, Médecin François, a soutenu que la vertu du *Quinquina* étoit duë à un pacte, que les Américains avoient fait avec le diable.

Le Philosophe ressemble à un vieillard amoureux, qui met tout en œuvre pour découvrir sa foiblesse. *Imperium, promissa, preces, confundit in unum.*

LII.

Je suis surpris de ce que tant de gens raisonnables, ont pris plaisir à défendre le jeu d'esprit d'un homme célébre (a). Que dira-t-on de ceux, qui veulent démontrer un système, dont l'auteur est le plus fort Antagoniste, en avouant qu'il l'a regardé comme une plaisanterie.

LIII.

Verra-t on toujours de jeunes gens

(a) *Leibnitz.*

gens outrager les cendres de tant de grands hommes? *Pythagore* n'est plus qu'un rêveur, *Platon* un fantasque, *Aristote* un pédant; tous les Scholastiques nous font pitié; nous osons lever des mains sacriléges contre les *Des-Cartes* & les *Leibniz*: procédé bien digne de ceux qui, *montés sur les épaules de ces beaux génies*, voyent moins qu'eux.

LIV.

Lorsque je vois un Philosophe moderne s'enorgueillir de ses rêveries, & se persuader qu'il á eu le bonheur de bâtir un systême inébranlable, il me semble voir un Chymiste, qui s'imagine que ses remè-

remèdes l'empêcheront de mourir.

LV.

De quel œil regarderons-nous ceux qui appellent un petit nombre de probabilités, *des vérités géometriquement démontrées*? Si *Ariſtote* avoit eu la vanité d'en dire autant de ſes réflexions philoſophiques & de ſes hypotheſes, nous ſentirions encore mieux le ridicule de notre ſiécle. Que cet enthouſiaſme des Philoſophes de bonne foi, ou cet air de ſuffiſance de ceux qui veulent en impoſer, ne nous ſéduiſe pas. *Fugite hinc; latet anguis in herba.*

LVI.

Il est fâcheux qu'on commence aujourd'hui par apprendre, & par enseigner le système que la nouveauté a introduit, & que ce ne soit que de-là qu'on passe à l'étude de la Philosophie ancienne, si tant est qu'on s'en instruise. Accoutumé à des idées, approuvées par les modernes, entêté de nouvelles opinions, comment peut-on profiter des Ouvrages des anciens? Leur langage même, qui nous paroît étranger, devient un obstacle à notre instruction : si nous les lisions avec soin, les erreurs de ces grands hommes nous empêcheroient de douter de notre foi-

foiblesse. Mais, infatués de l'idée d'une saine Philosophie, que les anciens n'avoient fait qu'entrevoir, nous nous livrons conséquemment au caprice de cet esprit, dont nous n'apprenons que trop tard à connoître les bornes & les égaremens.

LVII.

Un des plus grands usages qu'on ait fait de la Philosophie, est de l'avoir appliquée à la Religion. Quelques Péres de l'Eglise ont trouvé du rapport entre les subtilités de *Platon*, & les mystères les plus cachés du Christianisme : c'est de-là que mille heréfies ont tiré leur origine ; & ce n'est sans doute qu'à ce mélange malheureux, d'une
Phi-

Philosophie barbare, & d'une Religion superstitieuse, qu'il faut attribuer les schismes, les sectes, & les malheurs que ces deux sources de l'erreur de quelques-uns, & de l'inhumanité d'une infinité d'autres, ont entraînés après elles.

LVIII.

On a eu raison de se moquer de la plus grande partie des Scholastiques, ou du moins de plaindre leur aveuglement. Cet essain d'enthousiastes soumettoit tout à ses chimères, les articles de foi n'en étoient pas exceptés : c'est aussi ce qui a fait dire à FRA-PAOLO. *senza* ARISTOTELE, *non haveremo molti articoli di fede.*

LIX. Les

LIX.

Les modernes sont-ils plus sages? Plus les objets de nos recherches sont élevés au-dessus de nos foibles lumiéres, plus aussi il est ridicule de vouloir les comprendre, les expliquer, les démontrer. *Le Clerc* a donné sous un nom emprunté (*a*) un Ouvrage sur la Trinité.

LX.

Tous les Philosophes modernes reprochent aux anciens leurs vertus occultes, comme si l'on n'étoit pas en droit de leur en dire autant. L'attraction des Neutoniens, la matiére subtile des Cartésiens, les natu-

___
(*a*) *Liberius à Sancto-Amore.*

Natures plastiques de *Cudworth* & de *Hartsœker*, (a) & tant d'autres idées nouvelles, ne sont-elles pas autant de preuves de ce que j'avance? Les expressions de *faculté*, de *forme* de *substance*, &c. inventées par les Scholastiques, ne sont pas plus obscures, que celles de *matiere subtile*, de *force*, d'*essence*, dont les Philosophes modernes se servent.

LXI.

Si je demande à un Physicien, ce que c'est que l'élasticité, il me répond: „que c'est une matiére „subtile, qui est dans les corps, „&

(a) *Cudworth* differoit d'*Hartsœker*, en ce qu'il ne donnoit point à ses Natures plastiques, l'intelligence que ce dernier leur attribuoit.

„ & qui a la force de les rétablir „ dans l'état où ils étoient, avant „ qu'un agent extérieur les en eût „ fait fortir.,, Mais qu'est-ce que cette force qui rétablit, & comment differe-t'elle de celle qui a mis le corps dans un état *non naturel?* qu'est que cette matière subtile? comment agit-elle? C'est ce qu'il faut découvrir. Ce ne font pas des mots vuides de fens qu'on demande. Plaignons nous après cela des anciens.

LXII.

Les sciences & les arts, qui ont besoin d'observations & d'expériences, ont été perfectionnés par le temps. Mais auroit-on droit d'en con-

conclure, que les modernes raisonnent mieux que les anciens ? Il s'agiroit de sçavoir, si avec les mêmes secours, ces derniers eussent moins fait. Le hazard des découvertes ne prouve rien.

LXIII.

D'ailleurs, il n'est pas bien prouvé que ces expériences, & ces découvertes dont nous nous glorifions, n'ayent pas été connuës des anciens ; & que ces sciences, qui en sont le fruit, n'ayent pas été aussi bien traitées chez eux, que parmi nous. On sçait avec quelle fureur les premiers Chrétiens ont fait main basse sur la plus grande partie des ouvrages des Payens ;

ceux

ceux qui ont lû l'*Histoire naturelle de Pline*, douteront des avantages dont les modernes se vantent. Nous apprenons tous les jours la réalité de plusieurs choses rapportées par cet ingénieux Romain, & qu'on regardoit autrefois comme des fables. Nous commençons (a) peut-être à connoître ce que la barbarie de plusieurs siécles a détruit. *Pancirolle* nous parle d'un nombre d'arts, & de plusieurs secrets connus aux anciens, inconnus aux modernes. Presque toutes les opinions

(a) Le feu Grec, la fonte des pierres, la belle peinture des anciens sur le verre, la Statuë de *Memnon* qui articuloit des sons au lever du Soleil, &c. sont des Secrets ignorés aujourd'hui.

nions de ces derniers, comme les *Monades* de *Leibniz*, son systême de l'harmonie préétablie, celui de l'attraction, (*a*) ont été connus des anciens. Je ne prétends pas dire que *Neuton* & *Leibniz* ayent cherché à s'approprier des idées, qu'ils devoient à d'autres : ces grands génies n'avoient pas besoin d'une gloire empruntée ; quand on a de l'esprit, & qu'on sçait méditer, on peut se rencontrer facilement avec ceux qui nous ont précedés. *Albert de*

(*a*) On le trouve même clairement exprimé dans un ouvrage du Chancelier *Bacon*, près de quatre-vingts ans avant que *Neuton* en eût fait mention.

de Saxe (a), Moine Augustin, dit dans son Commentaire sur le Livre *de Cœlo* d'*Aristote*, que la Terre pourroit bien ne pas être ronde d'un Pole à l'autre. L'histoire des découvertes modernes, connues aux anciens, est un Ouvrage qui nous

(a) L'Hypothese du mouvement de la Terre se trouve exprimée dans quelques paroles mysterieuses des Pithagoriciens. *Philolaus, Aristarque* & sur-tout *Cleanthe de Samos*, l'ont enseigné. *Plutarque* dit, dans son Ouvrage sur le *Disque de la Lune*, qu'*Aristarque* rapporte, que *Cleanthe* croyoit, μένειν τὸν οὐρανὸν ὑπὸ τίλμιτος, ἐξελίττεσθαι γὰρ κατὰ λόξυ κύκλυ τὴν γῆν, ἅμα δὲ καὶ περὶ τὸν αὐτῆς ἄξονα δινουμένην; c'est-à-dire, *que le Ciel demeuroit immobile, & que la Terre étoit en même temps emportée par le cercle oblique du Zodiaque*.

nous manque, parce qu'une bonne partie des Ouvrages de ces derniers est perdue, & que ce qui nous en reste est peu lû, & plus souvent mal entendu.

LXIV.

Il y a autant de pédanterie, (*a*) & de mauvais goût à élever les an-

ciens

(*a*) Les Sçavans ont été trop loin : c'étoit peu de rabaisser le mérite des modernes par la séduisante objection, tirée de la gloire qu'il y a à inventer ; il falloit encore diviniser les anciens. On s'est imaginé qu'*Homere* étoit le *Salomon* de l'Ecriture ; cela n'est pas orthodoxe. Je ne puis m'empêcher de rapporter ici un passage tiré d'une des Harangues du célèbre *Turretin* ; je ne le traduirai pas, il perdroit trop. *Fateor*, dit-il, *equidem magnam iis, qui anteceſſerunt, immo maximam*

ciens beaucoup au-dessus des modernes, que de sagesse à les estimer également: on voit de part & d'autre de grands hommes, & à le bien prendre le tout est égal. Ne pourroit-on pas décider ainsi la question agitée avec tant d'esprit
de

ximam deberi laudem, NEQUE EGO ILLIS DETRAHERE AUSIM HÆRENTEM CAPITI MULTA CUM LAUDE CORONAM: *verùm & si multum fecerunt, non ideo perfecere; nec si penès illis inventionis gloria, nobis idcirco inventis addendi vel emendandi jus denegabitur; fuerint illi oculatiores, at plures oculi acutiùs cernunt. Vicerint doctrinæ pondere, at vel minimum granulum ponderi additum lancem deprimit. Gigantes sint, nos pumiliones; at pumilio giganti impositus, ipso gigante longiùs videt.*

de la part de ceux, qui défendoient la prééminence des modernes, & avec plus d'érudition de la part de ceux qui leur étoient opposés? Les hommes ont à peu près le même génie, & la même force de penser : l'éducation & le tempérament, les maîtres, & le point de vue dans lequel ils ont eu le bonheur d'être placés, décident de la supériorité. Il y a eu de tout temps des gens heureux, il y en a aussi eu de sçavans & d'ingénieux. Les noms de ces esprits subalternes des siécles passés, ne sont pas parvenus jusqu'à nous; la postérité a cru les mépriser assez en les oubliant. Les nôtres sont sous nos yeux

yeux, & l'oubli de leur nom ne fera que pour nos neveux. L'envie fait méconnoître bien de grands hommes, elle dérobe au public une bonne partie de leur mérite : cette paſſion n'a plus de pouvoir ſur les anciens, qui paroiſſent dans tout leur éclat, parce que l'amour propre n'eſt choqué que des talens & de la ſupériorité des vivans. N'eſt-il pas ridicule, de ne pouvoir reprocher à *Homere* des répetitions, & des épiſodes trop étenduës, à *Virgile* des longueurs, des pointes, peu de préciſion dans les caractères, ſans être expoſé aux critiques les plus amères. Les Grecs & les Latins moderdernes ressemblent aux Convertisseurs Espagnols.

LXV.

De tout temps (*a*) on a préféré les anciens aux modernes, parce qu'on a toujours eu de l'amour propre : nous imitons les Romains, qui préférerent pendant quelque temps *Pacuvius* & *Ennius*, à *Virgile* & à *Horace*. Quelques siécles de plus ont détruit cet aveuglement : nos neveux seront plus équitables que nous ; ils placeront *Rousseau* à côté d'*Horace*, & d'*Alembert* entre *Euclide* & *Platon*.

(*a*) Horace s'en plaint à Auguste dans cette belle Epitre qui commence ainsi :
Cùm tot sustineas & tanta negotia solus.

LXVI.

Se glorifier d'une connoiffance plus étendue de la Morale, & d'un plus grand nombre de Loix, c'eft fe vanter d'être plus méchant. Les vices ont fait étudier aux hommes la juftice, & les crimes le Droit: c'eft à mefure que les befoins ont augmenté, qu'on a fongé à y pourvoir.

LXVII.

Les Ouvrages des anciens doivent nous prouver, que nos plus grands hommes fe trompent, & que fi beaucoup de modernes travaillent avec peu de fuccès, ce n'eft pas qu'ils n'euffent pû faire mieux avec plus de peine, & de meilleures instructions; mais on veut écrire aujourd'hui sans être instruit. C'est un défaut moins connu chez les anciens, que parmi nous. La vérité m'arrache une réflexion, qui ne sçauroit me flatter.

LXVIII.

Chaque siécle nous a donné de nouveaux systêmes, qui ont tous eu le même sort, je veux dire celui du mépris & de l'oubli: qui nous assurera que les nôtres seront plus heureux, & que nos neveux seront plus indulgents pour nous, que nous ne le sommes pour ceux qui nous ont précedé? Heureux celui qu'un sage Pyrrhonisme a corrigé, & a mis en état de ne plus endosser la chimère du jour!

LXIX.

Aristote a eu un grand nombre de partisans, & il en a eu pendant plusieurs siécles. On a même vû des Peres de l'Eglise chercher dans ses Ouvrages, des endroits propres à être analysés dans des discours chrétiens. Son autorité étoit si grande, qu'on regardoit ce qu'il avoit décidé, comme une vérité incontestable; on croyoit tout sçavoir, dès qu'on étoit au fait de ses sentimens. Le temps de sa chute est pourtant arrivé, & *Des-Cartes* lui a porté le dernier coup. La gloire du Philosophe François a moins duré, parce qu'on avoit plus d'esprit, & moins
de

de pédantisme. *Leibniz* est venu; *Wolff* lui a succédé: les Philosophes sont aujourd'hui dans une espece d'anarchie, ils attendent quelqu'homme assez hardi, pour élever sur les débris des systêmes connus, de nouvelles opinions, & conséquemment de nouvelles erreurs.

LXX.

Nos systêmes sont comme des portraits de cire: si le soleil y dardoit, il n'en resteroit pas la moindre trace. Il en est d'eux comme des pierres fausses; les unes sont plus brillantes que les autres, & de loin les connoisseurs s'y trompent.

LXXI.

Si l'on dit aux jeunes gens, qu'il ne faut pas décider legérement, on leur en donne cependant l'exemple. Il faudroit leur faire sentir, que la foiblesse de leur âge n'est pas la seule raison, qui exige le silence & la modestie. On leur parle pour l'ordinaire d'un ton didactique; trop bornés pour n'en pas croire aux apparences, l'erreur commence à germer chez eux, & porte bientôt de mauvais fruits.

LXXII.

Ce qui devroit nous rendre difficiles dans le choix des opinions que nous adoptons, c'est le motif qui nous en fait, ou les défenseurs, ou ou les antagonistes. Il ne s'agit que de plaire, tout est prouvé lorsque nous sommes flattés; & nous pouvons l'être de cent maniéres différentes, & presque toujours, sans nous en appercevoir.

LXXIII.

Au moment de périr, nous nous flattons encore de surmonter nos maux & de vivre long-temps On vient de m'apprendre la mort d'un ami, qui avoit une consomtion de poulmons: je crache comme lui le pus & le sang, j'ai comme lui une fiévre ardente; tout m'annonce le même sort; ne dois-je pas m'y attendre? Erreur que tout cela; mon ami avoit un mau-

vais

vais Médecin, il étoit plus foible que moi, il est mort parce qu'il a pris un tel remede mal-à-propos; je ne suis pas dans le même cas. Ce qui m'arrive ici, est l'emblême des raisonnemens de ceux qui font des systêmes. La marche de l'esprit humain est par-tout la même. On s'imagine toujours être un individu d'une espece différente. *Des-Cartes* ne croiant pas pouvoir tomber dans les défauts qu'il reprochoit aux Scholastiques, s'imagina avoir purgé la Philosophie de ses erreurs; mais si en reconnoître quelques-unes c'est beaucoup pour l'homme, c'est trop peu pour la vérité.

LXXIV.

LXXIV.

Si les richesses ne fournissent, ni aux avares, ni aux prodigues, les commodités de la vie, c'est leur faute; il falloit en user & en user bien: mais que l'homme, le compas à la main, raisonne beaucoup avant que de se décider, ou que trop prompt à se livrer aux premiéres apparences, il choisisse, même avant que de connoître, c'est à peu près la même chose; le premier se trompera moins, il est vrai, mais l'incertitude sera égale. Qu'on n'abuse point de cette vérité!

LXXV.

Un habile Philosophe a défini le plaisir, en disant que *c'est un senti-*

sentiment de l'ame qu'on souhaiteroit voir durer. Mais n'appelle-t-on pas aussi plaisir, le sentiment qu'un homme voudroit éprouver, lorsqu'il est dans un certain état, & qui lui déplairoit dans tout autre, qui lui seroit même désagréable, s'il duroit ? Qu'un homme, qui n'auroit jamais goûté le plaisir, seroit peu instruit, si on ne lui en donnoit pas d'autre idée ! Nous le sentons, & nous ne sommes nullement en état de faire comprendre à quelqu'un ce que nous éprouvons. C'est parce que ceux à qui nous disons que nous en avons eu, en ont eu eux-mêmes, qu'ils nous entendent. Qu'on

réflé-

réfléchisse sur les sensations agréables, que nous éprouvons aux spectacles les plus tristes, avec les objets les plus communs, avec ce qui peine beaucoup d'autres personnes ; qu'on pense enfin, que l'yvresse des plaisirs est quelque chose de si singulier ; que le passage de la joie à la tristesse est quelquefois si imperceptible ; que ni la diversité, ni la durée, ni l'uniformité, ne font le caractère général du plaisir ; que l'imagination le produit, l'augmente & le diminue ; que la vivacité peut le faire dégénérer en douleur ; que la lenteur peut le rendre insipide ; que tous les hommes le desirent sans le connoître,

noître, & que le dernier moment de la vie peut nous en procurer. Quand on sçaura expliquer ces phénomenes, on aura raison de faire des systèmes.

LXXVI.

L'Auteur célébre dont je viens de parler, a dit d'excellentes choses sur la faculté que notre ame a de prévoir l'avenir. *Leibniz* a dit que le présent est *gros* de l'avenir. Tous les jours nous entendons parler de pressentimens, & nous voyons des gens regarder les évenemens futurs comme des faits, qui nous sont indiqués : il ne s'agit, disent-ils, que de bien connoître le présent, la connoissance de la cause

cause entraîne celle de l'effet. Les songes même nous avertissent quelquefois. Il en coûte peu de traiter tout cela de foiblesse, mais n'auroit-on pas aussi peu de raison de nier tout, que de se fier légérement aux rêveries des têtes échauffées? Si la supercherie, le mensonge, l'enthousiasme, ont multiplié les erreurs sur ce sujet, s'ensuit-il que tout ce qu'on nous rapporte, soit à rejetter comme des suppositions impossibles? Il y a des faits attestés, la bonne foi ne se trouveroit-elle nulle part? Auroit on parlé d'une chose depuis tant de siècles, sans qu'elle ait eu quelque fondement? Les
appa-

apparitions des spectres sont dans le même cas: nier leur existence, c'est nier l'existence d'êtres qui peuvent agir, sans que nous les appercevions; c'est douter de la bonne foi d'un assez grand nombre de personnes, que rien n'engageoit à déguiser la vérité, ou à supposer des faits. Il me semble qu'on ne doit rien affirmer la-dessus, & que s'il y a de la folie à craindre les fantômes, il y a de la présomption à en regarder l'éxistence comme absolument chimérique. S'il est difficile de répondre à des questions de fait, dont les deux parties sont également assurées; quel cas doit on faire de ces prétendues démonstrations, dons, qui prouvent, ou qui détruisent la possibilité de certaines choses, dont l'existence n'est que douteuse ?

LXXVII.

On demandoit un jour à un Philosophe, ce que c'étoit que la beauté ; il répondit, *laissons faire cette question à des aveugles.* J'en vois la raison ; c'est que les hommes ne pensent pas pour l'ordinaire, que le sens dont ils peuvent manquer, est tout aussi peu capable de faire naître une idée juste, que ceux dont ils jouïssent. Pour sçavoir qu'on voit, qu'on touche, & qu'on goûte des objets dont on ne sçauroit donner une idée claire

claire, à ceux qui font privés de ces sens, il faut avoir des yeux, des oreilles & le tact.

LXXVIII.

Pascal croioit voir à ses pieds un précipice ouvert ; j'ai vû plus d'une fois des personnes raisonner très bien, n'avoir rien de défectueux dans les organes, jouïr en apparence d'une santé parfaite, & avoir cependant la représentation la plus vive d'une chose, qui n'existoit pas. Ces phénomenes, qui ne sont pas plus difficiles à comprendre que les choses les plus ordinaires de la vie, n'embarassent les philosophes, que parce qu'ils ne sont pas communs. Un miracle, qui se répéteroit téroit tous les jours, n'auroit bientôt rien de mystérieux.

LXXIX.

Je ne demande qu'une chose, pour qu'on juge impartialement des idées que je propose: c'est qu'on fasse attention aux entretiens des hommes, même à ceux des personnes instruites: que d'idées ténébreuses! On croit s'entendre; & si l'on se donnoit la peine d'analyser ces discours, on n'y trouveroit rien de bien clair, C'est un jeu dont on s'amuse. Je compte trouver des lecteurs sages, qui n'outreront point ce que je veux dire. Ils se souviendront que nous voyons tous différemment, que nous n'en-
ten-

tendons point de la même manière, Nos idées sont analogues à nos sens.

LXXX.

J'ai dit que tous les hommes se trompent, qu'ils n'ont point d'idées distinctes, qu'ils n'en ont aucune qui soit juste & qu'ils sont hors d'état de démontrer, même ce qui leur paroit le plus évident. Cela révoltera les Philosophes, les Sçavans, les beaux esprits. Mais je dirai que tous les hommes sont heureux, & cela révoltera le genre humain, tant il est difficile de revenir de ses préjugés. On peut appeller heureux, celui dont on a droit de dire que le total des maux qu'il éprouve, est fort inférieur à celui des biens
dont

dont il jouït. Tous les hommes sont dans ce cas. Je le prouve par les maux mêmes dont ils se plaignent ; ils ne les appercoivent, que parce qu'ils sont accoûtumés à ce qui y est opposé, c'est à-dire, au bien. Je ne me plains d'un mal de dents, que parce que je suis accoûtumé à n'y sentir aucune douleur. On est habitué à ne pas regarder comme un bien, l'absence d'un mal, & cela est injuste. On se contente de dire, je n'ai point mal à la tête, je ne suis point aveugle, je ne suis point dégoûté : il faudroit dire ; Je jouïs du plaisir de ne point sentir de douleur à la tête, je connois tout le prix de l'usage de la vuë, &c.

E   Le

Le mal le plus leger nous fait oublier les plus grands biens : nous sommes des gens fort riches, qui nous désolons de la perte la plus médiocre. La plus douloureuse gravelle doit-elle nous empêcher de goûter, & de reconnoître les biens dont nous jouïssons ? La douleur est un mal, mais ce n'est pas le plus grand de tous les maux ; elle ne sçauroit rendre les hommes malheureux. Il en est de même des chagrins, des travers de l'esprit, de la disette. On a dit de tout temps, que la mort épouvante le plus malheureux. On tient à la vie ; c'est un véritable bien, que les douleurs les plus aiguës & toutes les adversités de ce monde ne sçauroient affoiblir. Le Suicide ne prouve rien : on peut se croire dans des momens de délire réellement malheureux; les maux ont leur yvresse comme les plaisirs. Il y a des momens où un amant se croit le plus fortuné des hommes, & d'autres où il regarde sa situation comme la plus affreuse. Nous sommes ignorans & injustes: nous méconnoissons nos biens; nous multiplions nos maux : nous rabaissons le prix de ceux-là, pour exagérer ceux ci. L'esprit humain est ingénieux à se tourmenter. Un bien ne cesse pas d'être un sujet de reconnoissance, parce qu'il n'est pas éternel. On se désole de la perte d'un ami, dont on a joui pendant trente années. Un vieillard qui a vû, touché, entendu, pendant les deux tiers de sa longue carriére, se plaint & se croit malheureux, parce qu'il ne voit à présent que foiblement, qu'il est sourd, & qu'il ne sent plus la volupté du tact. Pourquoi oublier les plaisirs passés, & compter pour rien ceux qui nous restent? Ce triste & injuste vieillard se verra encore dans le cas du bucheron, dont parle l'immortel *la Fontaine.*

LXXXI.

Les hommes seroient heureux, si la possession des biens, qu'ils ont

ont desirés, leur faisoit autant de plaisir, que l'espérance de les obtenir. L'homme est un être qui voudroit passer pour malheureux, sans avoir de malheurs, & qui ne se croit pas heureux, malgré les dons precieux, dont la nature l'a comblé.

LXXXII.

Un graveleux pense, qu'il seroit heureux s'il n'avoit point de gravelle, un pauvre s'il étoit riche, un riche s'il n'avoit pas des envieux: mais le pauvre n'en a point, le riche est sans gravelle, & le malade ne souffre pas de la disette. L'absence d'un mal est donc un bien, mais les hommes sont assez injustes, pour ne l'avouer que lorsqu'ils souffrent.

LXXXIII.

Varron comptoit deux-cent quatre-vingt huit voies, par lesquelles les hommes peuvent s'imaginer de parvenir au bonheur. Il n'y en a pourtant qu'une de certaine, de même qu'il n'y a qu'un bonheur parfait, s'il est vrai qu'il existe. Si les hommes ne sont pas parfaitement heureux, il suffit que tous jouissent de plus de biens, qu'ils n'ont à se plaindre de maux. Pouvoir se plaindre même est un plaisir, un bien, qu'il ne faut point oublier. J'aurois bien des choses à dire sur la folie.

folie, qu'on regarde commé le plus grand des maux; mais je n'en ai peut-être que trop dit: on a de la peine à persuader, lorsqu'on fronde des préjugés trop généralement établis. Je tire une conséquence de tout ce que je viens de dire sur les biens de la vie; c'est que si les hommes se trompent par foiblesse d'esprit, ils errent aussi quelquefois par défaut de justice & d'attention. Nouveau motif de se méfier des raisonnemens humains.

LXXXIV.

Je vois à regret nos Philosophes porter l'esprit dogmatique, même dans les beaux arts; musique, pein-

peinture, éloquence, poësie, tout doit aujourd'hui souffrir la plus rigoureuse démonstration : bientôt, sans égard à ce qui nous plaît, on établira ce qui doit plaire ; sans s'embarrasser de ce qui imite la nature, on déterminera ce qui doit être naturel; sans consulter nos préjugés, nos coûtumes, & nos foiblesses, on nous prouvera que nous n'avons point de goût, parce que nous ne mesurons pas ce qui doit nous faire plaisir. (*a*) Vouloir porter le flambeau de la Métaphysique, & de la Géometrie, dans des matieres de cette espece,

(*a*) Et follement épris d'une froide raison, Veut aux régles d'Euclide asservir Apollon.

espece, c'est commencer à détruire le goût, cette qualité de l'esprit qui ne s'acquiert jamais. La Philosophie & les Belles-Lettres ont peu d'obligation à ceux qui veulent soumettre tout au raisonnement. On se laisse éblouïr. Ce n'est plus la chose qui nous attache, c'est l'ordre: esclaves des régles que nous nous sommes faites, nous abandonnons la Nature pour l'art. Si l'on a abusé de ce principe, que sans le goût & l'esprit la théorie la plus exacte devient inutile, je crains bien que livrés un jour à la théorie & à la spéculation, nous ne voyions le beau disparoître, & le difficile substitué à l'agréable. E 5 LXXXV.

LXXXV.

C'est à la réformation, que nous devons, sinon le rétablissement des lettres, du moins les progrès rapides, que fit une partie de l'Europe dans la connoissance des Langues, de l'Histoire, & de la Philosophie. *Aristote*, abandonné aux subtilités des Arabes, n'étoit plus étudié que dans les Commentaires d'*Averroes*, le plus subtil de tous les Philosophes. On en vint à la fin du quatorzième siecle, à disputer sur les *Natures Universelles*. *Occam*, Cordelier célébre, Anglois de nation, & disciple de *Scot*, assez sage pour sentir, que ces mots abstraits, par lesquels on exprime une idée, qu'on

attache

attache à tous les individus d'une même espece, ne sont que des notions vagues, & dont l'existence est chimérique, *Occam*, dis-je, trouva dans les *Realistes*, qui s'appuioient même de l'autorité de *Scot*, des adversaires assez singuliers, pour défendre avec aigreur l'existence réelle des *Natures universelles*. Cette dispute dura très longtems, & nous serions peut-être, encore occupés à des subtilités aussi puériles, si la réformation n'avoit engagé les théologiens, & insensiblement une infinité d'autres personnes, à secouer le joug de la barbarie, & à prendre dans les Ouvrages des anciens, & non pas dans
E 6 ceux

ceux de leurs Commentateurs, le goût de la bonne Philosophie. Qu'il est à souhaiter, que toujours en garde contre les subtilités de la Métaphysique, nous ne retombions un jour dans cette barbarie, où l'esprit humain s'est vû pendant près de huit siecles. Le pédantisme conduit insensiblement au goût du superficiel, les deux extrémités se touchent quelquefois de bien près. L'ignorance des langues mortes, le changement sensible des langues vivantes, ce goût décidé pour les dictionnaires & pour les Journaux, le nombre des Ouvrages, ou purement élémentaires, ou fort abréges, & le peu d'estime parmi

parmi la pluspart des hommes pour ceux qui bornent l'objet de leur étude, semblent nous menacer de la décadence des lettres. Cette révolution peut-être assez prochaine, sera moins dangereuse depuis que la découverte de l'imprimerie nous a fourni des thrésors, ou l'on pourra puiser avec assurance, ces lumiéres si nécessaires au bonheur des hommes.

LXXXVI.

J'aurois moins de peine à m'abandonner aux raisonnemens des Philosophes, quelques raisons que j'aie de douter de leurs principes, si je pouvois être certain de la justesse

tesse des conséquences. Il est souvent très difficile de découvrir les sophismes, on ne les reconnoît que lorsqu'ils sont isolés; & on a grand soin pour l'ordinaire, de les cacher, de les lier à des propositions qui paroissent évidentes, & de distraire notre attention. Il arrive de là que nos Philosophes sont quelquefois eux-mêmes les jouets de leur inconséquence. Ce qui augmente mes défiances, c'est que plus on a d'esprit & d'imagination, plus aussi on est sujet à être inconséquent. Notre ame perd d'un côté ce qu'elle gagne de l'autre. Ceux qui ont l'esprit conséquent, l'ont souvent borné;

ce

ce font de petites cabanes folides: ceux au contraire qui ont beaucoup d'imagination & l'esprit fort vif, péchent faute de précaution & d'attention; ce font de fuperbes édifices fans fondement.

LXXXVII.

En lifant le difcours préliminaire fur la Philofophie, que Mr. *Cofte* a mis à la tête des ouvrages de Mr. *Regis*, je ne pûs m'empêcher de plaindre fa prévention outrée pour le Cartéfianifme (*a*). Il y a raifon de

(*a*) Elle eft auffi condamnable, que celle de *Veltheim*, qui, dans une harangue qu'il prononçoit à *Jene* à la louange de l'Ecole, qu'en commençoit à méprifer, s'exprimoit ainfi: ,,Je vous en prends à témoins, ,,vénérables Théologiens, qui avez été

de croire, & il seroit facile d'en alléguer plus d'une preuve, que si la Philosophie de *Des-Cartes* n'est pas, comme la Scholastique, un tissu d'idées obscures & ridicules, elle a cependant en partie les mêmes défauts, & assez d'erreurs sensibles, pour nous persuader, que tous les ouvrages de l'esprit humain sont marqués au même coin.

LXXXVIII.

„mes maîtres; parlez, je vous en conjure,
„parlez pour l'amour de Dieu, & dites-
„nous, si le Prince des Moralistes, *Thomas*;
„si le Pape des Métaphysiciens, *Suarez*;
„si *Molina*, *Vasquès*, *Valentin*, *Sanchez*,
„les Professeurs de *Conimbre*, & notre
„bien-heureux *Sthalius*, auteurs dignes de
„l'éternité, n'ont débité que des sotises.

LXXXVIII.

Si l'on examine ce systême de bien près, on verra qu'il ne s'y trouve pour vérité fondamentale, qu'un principe dont il est impossible de ne pas abuser, & qu'il fourmille d'hypothèses dénuées même de vrai-semblance. Quel principe que celui-ci ! *Tout ce que je conçois clairement, est vrai.* Combien de chimères ne croit-on pas concevoir ainsi ? Combien d'un autre côté n'y a-t'il pas de vérités, qui passent les bornes étroites de notre intelligence ? Quoi de plus dangereux, que de donner pour marque de la vérité, le degré de conception qu'un homme peut avoir ? Ce qui sera

sera vrai pour l'un, sera faux pour l'autre, & c'est alors qu'on aura raison de dire : *Vérité en-delà des monts, erreur en-deçà.*

LXXXIX.

On replique à cela, que *Des-Cartes* a voulu dire, que ce qui pouvoit être clairement conçu étoit vrai, & que ce qui étoit de nature à n'être jamais compris, étoit faux. Mais qu'avancera-t-on avec un pareil commentaire? Quel est l'homme, qui pourra dire d'une seule chose avec certitude, qu'elle est inconcevable? On sera toujours obligé d'en revenir à son impuissance, ou si l'on a moins d'amour propre, à celle des plus grands
Philo-

Philosophes. Sera-t'il permis d'argumenter ainsi ? „ Les Philosophes „n'ont pas pû concevoir telle chose : „donc elle est inconcevable, donc „elle est fausse.„ Conclusion qu'on ne sçauroit admettre, quand même ce dont il est question seroit inconcevable pour tout le genre humain ; car qu'y a-t-il de plus vrai que l'existence de la Nature, & qui osera se flater de la concevoir ? J'avoue cependant que ce qui est inconcevable en soi est faux ; mais je nie que l'esprit humain puisse beaucoup, lorsqu'il s'agit de démontrer, qu'une telle chose ne sçauroit être conçue.

XC. Si

XC.

Si l'on ajoûte à l'incertitude du principe, le grand nombre d'hypotheses, qui se trouve dans le système Cartésien, ainsi que le peu de liaison qu'on y voit, on avoûëra sans peine, que *Des Cartes* étoit, comme tous les autres Philosophes, très-sujet à se tromper. L'Inventeur du Clavecin oculaire dit, en parlant des Cartésiens & des Neutoniens, que les uns sont des Philosphes à hypotheses, & les autres des Philosophes à articles de foi.

XCI.

Malebranche, le prémier philosophe, qui ait dit quelque chose de raisonnable sur les erreurs des sens

sens, & de l'imagination, a crû voir tout en Dieu. S'il s'étoit borné à détruire les préjugés, qui regnoient encore de son temps, on auroit moins oublié les obligations, que lui ont tous ceux, qui aiment la vraye philosophie.

XCII.

Que doit-on penser d'un système de Métaphysique, où l'on met des articles de pure créance au rang des vérités philosophiques; où l'on veut prouver la conformité des sentimens de S. *Augustin* avec ceux de *Des-Cartes* (a); où l'on démontre qu'*Adam*

(a) M. *Goudin* nous a donné un ouvrage, dans lequel il accommode la Philosophie aux idées de S. THOMAS: *Philosophia juxta inconcussa tutissimaque divi Thomæ dogmata*, Lugd. 1687.

qu'*Adam* a été le premier homme; où l'on veut établir l'évidence de la Religion Chrétienne? Ces vérités sacrées sont-elles faites pour entrer dans nos systèmes, qu'une même main édifie & détruit en un jour? A la vuë d'un pareil assemblage d'idées, il est bien difficile de ne pas lancer quelques traits contre l'auteur & contre les partisans; c'est avec moins de raison que *Juvenal* disoit: *Difficile est satiram non scribere.*

XCIII

Le système de *Leibniz* est bien inventé, il a de beaux dehors, mais c'est un labyrinthe; si l'on y entre sans peine, on s'égare avec
la

la même facilité: on peut voir de loin le danger, c'est au sage à se précautionner. *Leibniz* a pû détruire les sentimens, les opinions & les rêveries de ces prédecesseurs, je le suppose, il a eu l'art de bien lier ses idées, de s'approprier ce que les anciens avoient de mieux, & ce qui pouvoit nous plaire; c'est aussi par-là qu'il brille. Mais a-t-il pû également répandre de la lumiéré sur les obscurités de la Nature, donner des idées bien claires, se précautionner toujours contre les préjugés, se refuser à la foiblesse de bâtir un systéme, prouver ce qu'il avançoit sans avoir recours à des suppositions gratuites, & à

des

des principes contestés, tirer toujours des conséquences justes, donner des définitions exactes, & ne se livrer jamais au plaisir de se faire des sectateurs? *Leibniz* étoit un grand homme, c'est à-dire qu'il étoit homme.

XCIV.

Il a avancé & soûtenu des sentimens, qui contrarient ou qui renversent ce qu'il admettoit cependant comme incontestable: je le prouve. Il étoit, comme on n'en peut douter, fort attaché au Christianisme, qu'il défendoit contre les attaques des impies. Cependant son *nexus rerum*, l'enchaînement de toutes choses, détruit une des preuves

preuves fondamentales de la Religion Chrétienne, je veux dire les miracles : car si tout est lié dans la nature, si tout a été prévu & ordonné dès le commencement du monde, si rien ne se fait, sans qu'il y en ait une raison suffisante dans ce qui a précédé, comment un miracle, un événement qui n'a point de raison suffisante, dans l'enchaînement des causes naturelles, peut-il avoir lieu ? Quelques Métaphysiciens opposent à cet argument, des raisons que je n'ai pû comprendre. Ils disent qu'il faut distinguer entre l'*ordre* de la nature, & l'*ordre* du monde ; qu'il en est de ces deux *ordres* comme de différentes Républiques, qui, ayant chacune des loix particuliéres, font cependant gouvernées par un feul Confeil fouverain. Je laiffe à de profonds Philofophes la peine de chercher quelque folution plus fenfible; ou à des efprits fuperficiels, le danger de prendre pour preuve, quelque comparaifon brillante. Je demande quelles feront les fuites d'un miracle, ce qui lui fera lié ; fi un miracle fera la fource de mille autres, ou s'il eft néceffaire qu'il y ait un miracle de reftitution ; (opinion favorite de *Leibniz ?*) L'enchaînement de toutes chofes me plaît : mais puis-je, ou dois-je, nier l'exiftence des miracles ?

XCV.

XCV.

C'est avec les principes de la Philosophie moderne, qu'on a bâti l'hypothèse de l'harmonie *préétablie*; c'est avec les mêmes principes que Mrs. *Knutzen* & *Gotsched* l'ont détruit, & ont établi celui de l'influence physique.

XCVI.

On prouve cette hypothese assez bien, comme dit l'Ecole, *à priori*; mais l'expérience semble lui être opposée. N'arrive-t'il pas très-souvent, que le corps est sain, lorsque l'esprit est abbatu; & n'avons-nous pas vû des corps cassés & usés, animés par des esprits du premier ordre? Nous voyons tous les jours des vieillards penser avec la même force, avoir des saillies aussi vives, qu'ils en ont pû faire paroître dans le temps où leur corps étoit dans la plus grande vigueur: ce n'est donc pas toujours l'esprit qui s'affoiblit, ce sont les organes qui deviennent incapables de représenter à l'esprit, ce qui se passe au dehors, & de faire appercevoir aux autres, ce qui se passe au dedans. Qu'on me dise donc, pourquoi une hypothese trouve autant de coloris & de fard dans le raisonnement, tandis que des faits semblent en découvrir l'erreur? Décidez, Philosophes que rien n'arrête, décidez entre ces notions abstra-

abstraites, qui paroissent nous conduire à une conclusion certaine, & l'expérience qui renverse, ce que ces notions viennent d'établir.

XCVII.

On fait tant de cas du principe de la raison suffisante, qu'il semble que la Philosophie moderne lui doive tous ses progrès. Ce n'est cependant qu'une proposition, qui étant expliquée, est identique ; connue depuis très-long temps, elle n'a jamais été contestée. On a toujours pensé que tout avoit une raison. Ce qu'il y avoit de difficile autrefois, l'est encore aujourd'hui, & le sera toujours. La difficulté consiste à déterminer cette raison suffisante. Tel effet paroît dans la nature, il a une raison suffisante; c'est-à-dire, qu'il y a un certain assemblage de principes, qui, pris ensemble, font connoître pourquoi il est ainsi & non autrement: C'est une vérité; mais que nous découvre-t-elle? Il faudroit pouvoir déterminer cet assemblage de principes, & les indiquer tels qu'ils sont réellement. Remarquons qu'il ne suffit pas d'en imaginer. *J'explique, & je comprends cet effet par telles raisons; donc ces raisons prises ensemble, en font la raison suffisante:* est une conséquence aussi fausse que généralement adoptée. Un même effet peut avoir des raisons d'une d'une nature différente : il ne s'agit pas d'en inventer, il s'agit de découvrir celles qui le sont véritablement. Il en est des effets physiques, comme des évenemens de ce monde. Le Physicien ressemble au Politique : ils raisonnent tous les deux, on les contredit sans cesse, ils sont les seuls de leur avis.

XCVIII.

La Loi de *Continuité*, principe de *Leibniz*, est une conséquence du principe de la raison suffisante, ainsi que celui des *indiscernables*. Je croirois sans peine, qu'il ne se fait rien par *saut* dans la nature, pour parler le langage de l'école, c'est à dire, que tout est lié, parce que tout a une *raison*, & qu'une *raison* est liée à son effet. J'admettrois aussi facilement, qu'il n'y a pas deux choses, qui se ressemblent parfaitement, soit en quantité, soit en qualité. Mais ces principes sont absolument les mêmes; ce sont des propositions identiques déguisées: ce que je viens de dire du principe de la raison suffisante, est donc applicable à ceux ci.

XCIX.

L'essence des choses a toujours été ce que les Philosophes ont cru le mieux entendre, & qu'ils ont le plus mal expliqué. Les Cartésiens veulent que l'étendue soit celle des

des corps. Sans leur objecter, que le mot d'essence est vague, & qu'il ne signifie rien, je me contenterai de leur demander, si l'étendue (a) étant sujette à une infinité de changemens, peut être la substance immuable des corps ? Concevoir un corps sans poids, sans profondeur, sans largeur, & sans mouvement, c'est le concevoir sans étenduë : l'étenduë ne sçauroit donc être, même selon les principes de

---

(a) L'étenduë idéale, & l'étenduë réelle, que quelques Cartésiens distinguent, pour se tirer de cette difficulté, pouvant souffrir des changemens imaginaires ou réels, de quelque maniere qu'on l'entende, *l'essence*, selon les principes de *Des Cartes*, sera toujours sujette à varier.

ces Philosophes, l'essence des corps, qu'autant que le poids, le mouvement, & les trois dimensions y sont attachés.

C.

Wolff dit, que *l'essence d'une chose est ce qui renferme la raison de tout ce qui peut lui-être attribué.* Mais seroit-il possible de déterminer tout ce qu'on peut attribuer à un être, afin de voir si l'*essence*, qu'on lui prête est effectivement celle, qui rend raison des différents attributs, qui lui conviennent? Il y a plus: Dieu en ce sens seroit l'essence de toutes choses; & ce qui prouve encore l'insuffisance de la définition Wolffienne, c'est qu'elle ne présente

sente à l'esprit que l'effet, ou tout au plus un caractère de *l'essence*, sans en donner une idée précise. Seroit-ce donner une idée bien claire du souverain pouvoir des Rois, que de le définir par ce qui est *la raison des actions, que les Princes font comme Monarques!*

CI.

Aristote disoit, que l'essence des choses est, *ce qui peut nous faire connoître pourquoi elles sont ainsi, & non autrement*; ce qui revient à l'idée du célèbre Philosophe Allemand. *Platon* nous donne des idées éternelles, *Cudworth* des natures plastiques. Quel fruit peut-on tirer de ces opinions ténébreuses?

fes ? Qu'il en coûte à l'homme d'avouer son ignorance ! Je respecte trop les grands hommes, que je viens de nommer, pour dire tout ce que je pense. Les siécles à venir, témoins de nos erreurs, auront un million de preuves plus que nous, pour s'assurer de la foiblesse de nos raisonnemens.

CII.

Que l'on a pointillé sur la notion de l'ame ! Que n'a-t-on pas dit sur sa spiritualité, & sur son immortalité ? Ce Philosophe (*a*) Allemand, qui a tenté de prouver que notre

(*a*) M. *Simonetti*, qui a si vivement attaqué M. *Meïer*, Philosophe aussi profond que son maître, le célébre Mr. *Baumgarten*.

notre ame ne sçauroit mourir, n'auroit-il pas mieux fait d'examiner, s'il en connoit la nature? Qu'il nous découvre celle de la matiere; qu'il démontre qu'elle ne sçauroit penser (*a*): qu'il développe la nature, & l'*essence* d'un être spirituel; c'est ce qu'il faut connoître, pour pouvoir sans témérité nous instruire sur un sujet aussi peu connu.

CIII.

Varron, génie digne d'admiration, disoit de l'ame, que c'étoit un air qui entroit par la bouche,

qui

(*a*) Je ne combats ici que les preuves philosophiques. La révélation a fait ce que la raison humaine ne pouvoit faire.

qui fe rafraîchiffoit dans les poulmons, qui fe tempéroit dans le cœur, & qui fe répandoit par tout le corps. *Hippias* en faifoit de l'eau. *Beda*, Théologien affez connu pour expliquer les faintes Ecritures à la lettre, difoit que l'ame eft dans le cœur. Et fans parler de tant d'autres opinions, les unes plus ridicules que les autres, nos Philofophes modernes ont ils répandu beaucoup de lumiére fur une queftion, qu'ils ont fi fouvent débattue ?

CIV.

Ils font plus. Le mépris & la haine font les argumens dont ils fe fervent, pour prouver leur opinion,

nion, & accréditer leurs erreurs. Que de disputes, tristes preuves de leur ignorance & de leur orgueil ! *Bella gerunt nullos habitura triumphos.*

CV.

Leibniz avoit bien raison de dire de la pensée, *que c'est un je ne sçai quoi, qui, placé au-dedans de nous-mêmes, agit & souffre en même temps.* Il avoue qu'il ne connoit pas mieux, ce qui opére en nous la pensée, que ce qui constitue la blancheur & l'étenduë : aveu qui fait honneur à ce grand homme, qui couvre de honte bien des Philosophes, & qui donne à connoître, qu'il étoit quelquefois moins dogmatique, qu'on ne le pense.

CVI.

CVI.

Les animaux sont-ils des machines, ou bien ont-ils un instinct, une ame? & quel est cet esprit, qui les anime? L'hypothese de *Des-Cartes* est ingénieuse, elle a des avantages, & prévient beaucoup de difficultés: mais un serin apprend bien mieux à siffler, lorsqu'on peut fixer son attention; il réfléchit donc?

CVII.

Le vuide est une hypothese, que des argumens assez forts semblent établir: ce calcul étonnant de nos Neutoniens, ces expériences si souvent répetées, ces raisonnemens si séduisans, semblent ne nous

nous laisser aucun lieu de douter; cependant je ne puis croire, qu'une action puisse être propagée par le rien: car qui dit vuide, suppose des espaces ou il n'y a rien. Mon doute est légitime.

CVIII.

Si l'on vouloit discuter les systêmes, que ne trouveroit-on pas à y opposer? Je ne parle pas de ceux qu'on a fait sur les *Corps totaux* de l'univers: dans un grand tableau on distingue plus facilement les défauts. C'est contre des opinions & des vrai-semblances, sur lesquelles il est plus facile de s'abuser, qu'il faut s'armer de précaution. Qu'on insiste sur la clarté des idées,

sur

sur la certitude des principes ; on trouvera ces dogmatiques orgueilleux sans défense.

Dente timentur apri, defendum cornua tauros.

Imbelles Damæ, quid nisi præda sumus ?

CIX.

Il ne faut que réflêchir sur soi-même, pour se convaincre de son ignorance. Examinons notre corps, nos organes, nos sensations, voyons comment un son produit une idée, & souvent une réflexion. Il ne suffit pas de sçavoir qu'il y a un mouvement dans l'oreille, causé par la repercussion de l'air ; il faut con-

connoître la manière, dont cet ébranlement de quelques parties très-sensibles fait naître une pensée: & c'est précisément ce que nous ne comprenons pas. On se donne beaucoup de peine, pour expliquer le changement, qui se fait dans les organes, à l'occasion des objets qui agissent sur eux; mais toutes ces recherches ne nous conduisent pas à l'essentiel de la question, elles ne font qu'augmenter les doutes d'un homme sensé. Plus on sera éclairé, je veux dire, plus on cherchera à le devenir, plus aussi on s'appercevra que la Nature est un livre fermé pour l'homme.

CX. Les

CX.

Les Philosophes corpusculaires, ou ceux qui expliquent les phénomenes de la Nature, par la différente structure des particules des corps, ne font pas difficulté de nous en tracer la figure. Ils nous disent, par exemple, que les fluides sont composés de particules rondes, sphériques, comme s'ils pouvoient le démontrer, ou qu'ils les eussent vuës. Ne diroit-on pas que la Philosophie ne consiste qu'à faire des Romans, & que celui qui sçait le mieux manier la fiction, est le meilleur Philosophe? Les Belles-Lettres, la saine Morale, & la vraie Philosophie, ont souffert de ces Ouvrages qu'inventa l'oisiveté. Plaise au Ciel, que le régne de ces Ecrivains subalternes, nés pour amuser ceux qui connoissent l'ennui, soit enfin détruit pour toujours !

CXI.

Si je demande aux Physiciens, ce que c'est que la pesanteur, ils me répondent, que c'est une force que les corps ont, de tendre vers le centre de la terre. Ils embrouillent la question plutôt que de la résoudre : appeller la pesanteur une *force centripéte*, c'est donner un mot plus obscur, pour un autre plus clair. Il s'agit de nous apprendre, ce que c'est qu'une force,

com-

comment & en quoi la force *centripéte* différe de la force *centrifuge*, & enfin de démontrer que ces forces existent réellement dans la nature : mais on fait des hypotheses, & on néglige d'éclaircir ce qui doit leur servir de fondement.

CXII.

On nous parle beaucoup d'esprits animaux ; c'est par leur moïen qu'on prétend expliquer plusieurs phénomenes. On compare le cerveau d'un homme, qui a l'esprit vif, à une bouteille de vin de Champagne. On nous dit, que la méditation absorbe beaucoup de ces esprits. Il seroit plus raisonnable de voir, si l'on peut expliquer

pliquer la maniere dont la penſée naît en nous, nous donner une idée des eſprits animaux, nous montrer comment ils ſont *abſorbés*, & ce que c'eſt qu'*abſorber*. N'eſt il pas étrange devoir des Philoſophes ſoutenir l'immatérialité de l'ame, & expliquer la foibleſſe du corps, & les maladies, par les mêmes raiſons qu'ils employent à expliquer les opérations de l'eſprit ?

CXIII.

Rien n'eſt impoſſible à Dieu; principe à qui l'on doit tant d'abſurdités. Qu'entend t-on par impoſſible ? Qu'elle idée ſe fait-on de Dieu ? Nos lumiéres ſuffiſent elles, pour décider de ce qui eſt poſſible, & de

& de ce qui ne l'est pas? Les raisons de convenance sont-elles admissibles? Nous est-il permis de juger, de ce que Dieu peut faire, par ce qui nous paroît convenir à la sagesse, & à notre bonheur?

CXIV.

L'existence d'un Etre souverainement parfait, est assurément ce qu'il y a de plus certain : cependant, quel est l'effet de cette certitude sur l'esprit des hommes? ne vivent-ils pas comme s'ils étoient persuadés du contraire? Croira-t-on après cela, qu'ils en sont convaincus? Ou plutôt, n'est il pas naturel de penser, que leurs actions prouvent leur incertitude? Si l'on est incertain

tain sur ce qui est le plus susceptible de certitude, le sera-t-on moins sur ce qu'il est bien bien plus difficile d'établir? Qu'on ne me dise pas, que la conduite des hommes ne prouve rien, que leurs passions les aveuglent; qu'ils sont comme Médée : *video meliora proboque, deteriora sequor.* Il ne s'agit pas ici de ce qu'ils admettent, il s'agit de ce qui leur paroît certain. Il est impossible à l'esprit humain de se roidir contre des vérités, dont il est convaincu; il ne s'y oppose, que lorsque ses passions lui suggèrent quelque espece d'incertitude. Il est aussi nécessaire, que le motif du meilleur, apparent

rent ou réel, l'emporte sur les autres, qu'il l'est à une boule de suivre la direction de la plus forte impulsion. C'est par les actions volontaires, que nous devons juger de l'intérieur des hommes : or nous agissons très-souvent, comme si nous ne dépendions d'aucun être suprême. Concluons donc que nous sommes, au moins la plûpart du temps, incertains sur l'article le plus important, & le plus susceptible d'être bien prouvé.

CXII.

De nouveaux Philosophes, trop éclairés pour ne pas sentir les difficultés innombrables, qui s'opposent à la certitude de la plus grande

grande partie des vérités que nous admettons; de nouveaux Philosophes, dis-je, ont substitué à l'incertitude & à l'erreur, des vraisemblances aussi peu certaines, & peut-être tout-aussi erronées. Je ne les condamne point, lorsqu'ils n'avancent leurs idées que comme des conjectures, dont ils n'ont aucune preuve démonstrative, mais qu'ils croient plus vrai-semblables que d'autres. Je pense seulement que la Philosophie n'y gagnera pas. Ce qu'on a droit de reprendre, est la conduite de ces beaux esprits, qui, convaincus comme nous, de l'impossibilité de se faire une idée claire de la Divinité, concluent de-là,

qu'il

qu'il n'y en a point, & lui substituent la nature, qu'ils ne comprennent pas mieux. S'ils n'ont pas de cette nature, qu'ils veulent déifier, une idée plus claire & plus juste, que nous n'avons de l'être suprême, ne sommes-nous pas en droit de rétorquer contre eux l'argument, & de nier l'existence de la Nature ?

CXIII.

S'il est difficile de démontrer par les seules lumieres de la raison, l'existence de Dieu, ces mêmes lumieres nous suffisent pour être assurés, qu'il est impossible de démontrer le contraire. Car qu'opposera-t-on de solide, lorsqu'on n'a pas

pas une idée claire de ce que l'on veut combattre ? Si je n'avois pas dans mon cœur des preuves suffisantes de l'existence de Dieu, le bien attaché à être persuadé de cette vérité, l'impossibilité de connoître la nature de l'Etre infini, & la réfléxion que je viens de faire, que c'est de toutes les vérités, celle qui est la plus propre à entraîner l'assentiment d'un homme qui réfléchit, suffiroient pour me déterminer.

CXIV.

Ce que les hommes devroient avoir le moins de peine à connoître, c'est l'objet de leurs plaisirs, c'est-à-dire, la beauté & la perfecfection. Cependant ne font-ils pas obligés de cacher leur ignorance fur la notion de ces chofes, par le *je ne fçai quoi*, qu'ils ne fçauroient exprimer ? Si la *région* des idées fenfibles eft fi cachée à l'efprit humain, que fera-ce de la *région* des idées intellectuelles ? Nous avons toujours des fenfations, mais nous ne réfléchiffons que rarement; nous fommes toujours en état d'examiner les objets de nos idées fenfibles, mais nous fommes incapables d'approfondir l'objet de notre étude philofophique. S'il y a quelque difficulté, lorsqu'il s'agit de ce qui tombe fous nos fens, on a recours aux expériences &

aux

aux observations; mais quelle expérience tenter, & à qui en appeller, lorsque le doute a pour objet des idées de spéculation? Les sens, il est vrai, ne sont pas entiérement fidéles; mais que l'homme seroit heureux, s'il n'y avoit pas plus de danger à s'en rapporter à ses raisonnemens, qu'à se reposer sur la fidélité de ses sens! Ce n'est pas l'observation, ce n'est pas l'expérience qui me fait craindre l'erreur; ce sont les raisonnemens qui l'accompagnent, & qu'on regarde souvent comme des faits prouvés par l'expérience.

CXV.
Il régne presque toujours une
con-

confusion si grande dans nos idées, & dans nos discours, que je suis surpris que nous osions encore nous livrer aussi facilement à la dispute. Nous croyons comprendre tout ce que nous disons; & si nous nous donnions la peine de nous demander une explication ultérieure de chaque mot, nous verrions que le plus souvent nous n'avons aucune idée des mots que nous employons; les *logomachies* des Sçavans serviront de preuve à ce que j'avance. Tout homme sensé, qui se donneroit la peine d'écouter tranquillement les conversations des personnes qu'on estime le plus, verroit le peu de clarté qu'il y a dans

nos

nos idées, le peu de précision qui se trouve dans nos discours, & le peu de méfiance {même} dans ceux, qui en devroient avoir le plus.

CXVI.

Nos plus habiles Philosophes, élevés dans les mêmes principes, sont-ils d'accord sur les idées les moins compliquées? *Quot capita, tot sensus:* preuve qu'ils ne s'entendent presque jamais, & qu'ils se trompent très-souvent. Quand même on auroit le bonheur de trouver la vérité, comment triompheroit-elle de l'erreur, si en la connoissant, on ne peut la connoître que très-confusément? On
de-

demanda un jour à un homme d'esprit, ce que c'étoit que le temps ; il répondit : *Si non rogas, intelligo ;* c'est-à-dire, lorsque je cherche à m'en faire une idée claire, je m'apperçois de mon ignorance.

CXVII

Il y a, dit-on, des vérités de sentiment. *Je sens, que je ne dois pas ravir à un autre le bien, qu'il possède : la beauté d'un tableau me frappe, je sens que cela est beau : l'Evangile annoncé par un Orateur Chrétien me touche, me pénètre, je sens que cela est divin.* (a) Mais toutes

(a) Je me flatte d'avoir des lecteurs trop équitables, pour avoir à craindre un jugement,

toutes les facultés de notre ame ne sont elles pas également bornées? L'enthousiasme nous empêche d'examiner, & les préjugés nous présentent l'erreur avec les traits de la vérité.

CXVIII.

La Morale elle-même n'est pas moins incertaine; les idées qu'on se forme de la vertu & du vice, du bien & du mal, ne sont pas d'une assez grande justesse, pour qu'on ne puisse faire naître des doutes, qui arrêteront tous ceux,

gement, peu conforme à ma façon de penser. La Religion Chrétienne n'est pas la seule, qui touche les hommes: l'éloquence d'un Orateur habile peut en imposer.

que les préjugés n'empêchent pas d'écouter la raison. Une même action peut être également & louable, & digne de blâme. Pour être bonne, elle doit être tout ce qu'il y a de meilleur dans les circonstances où l'on se trouve. Or, qui déterminera ce meilleur?

CXIX.

Une action ne sçauroit être bonne, lorsque le nombre des conséquences fâcheuses, dont elle est suivie, l'emporte sur celles qui sont utiles. Une action en a à l'infini : qui pourra les peser & les nombrer?

CXX.

CXX.

On dira sans doute, que les hommes ne sont responsables, que des effets naturels & faciles à prévoir. Cela est sagement établi, & on auroit raison de l'introduire dans la société, s'il en étoit autrement. Mais je ne vois pas que l'impossibilité de prévoir les suites fâcheuses d'une action, puisse la rendre bonne. Elle ne peut l'être par la seule raison, qu'on a cru choisir le meilleur. Si la foiblesse des hommes demande, qu'on ne soit pas de la derniere rigueur, aura-t on droit de regarder comme bonnes des actions, qui dans une suite d'éve-

nemens

nemens enchaînés, ont causé mille maux pour un bien?

CXXI.

Les actions humaines considérées en elles mêmes, abstraction faite des conséquences, & des motifs, ne sont ni bonnes ni mauvaises. Les motifs doivent être la raison des récompenses & des peines! Un sage puniroit celui qui fait de belles actions par des motifs condamnables, & récompenseroit celui qui en fait de mauvaises par des motifs de vertu. Les conséquences au contraire rendent une action utile ou dangereuse, bonne ou mauvaise. On a donc tort de penser que ce que nous appellons crime,

crime, le soit en effet, indépendamment des conséquences, & qu'il faille le punir, abstraction faite des motifs. Le crime qui nous paroît le plus affreux, devient louable & nécessaire, lorsque le choix du meilleur nous y oblige. S'il s'agit de sauver la vie à un Prince, qu'un scélerat veut faire mourir, n'est-on pas obligé, lorsqu'on n'a ni le temps ni la force de le livrer à la Justice, de prévenir son crime par sa mort? Tel, capable souvent de ces crimes lâches, qui sont les plus horribles, s'imagine que ce sang qui va couler, doit lui faire horreur, parce qu'il n'a aucune idée juste du bien & du mal;

& la

& la plûpart des hommes ordinaires sont de cette trempe. L'homme véritablement vertueux n'envisage jamais que le choix du meilleur: & ce meilleur est toujours le bien de l'Etat, & celui de son Prince.

CXXII.

Mais, dira-t-on, si une Mère étrangloit son propre fils, elle seroit un monstre, quelques raisons qu'elle eut pour pallier son crime. Et je demande. Seroit-elle criminelle & barbare, si ce fils machinoit la perte de sa Patrie, s'il attentoit à la vie de son Roi, & si pour éviter ces maux, il n'y avoit d'autre moïen, que de le faire périr sur le champ? On doit être vertueux

& ci

& citoïen avant tout; plus d'enfans, plus de pères, plus d'amis, lorsqu'il s'agit du véritable bien de la patrie, ou de la véritable vertu: la nature souffre sans doute, mais c'est à nos préjugés, que nous devons une façon de penser si peu digne du Sage.

CXXIII.

La plûpart des hommes n'étant pas à portée de juger du meilleur, soit par le défaut de lumieres, soit par le déréglement de leurs passions, on n'a pû s'en fier à eux-mêmes, on leur a donné des Loix, dont *l'esprit* est pour ceux qui sont éclairés, & la *lettre* pour ceux, à qui des occupations viles n'ont pas permis

permis de s'instruire. Et comme parmi le nombre des devoirs qu'il faut remplir, pour rendre la société heureuse, il y en a plusieurs qu'on ne peut faire exécuter par la force, & auxquels les hommes cependant n'ont pas coûtume de satisfaire de leur propre mouvement, on a eu recours à la Religion, ce mobile si puissant, & auquel on ne sçauroit donner trop d'attention.

CXXIV.

Il s'agit d'instruire, & d'éclairer les hommes. Une vertu fanatique peut causer autant de maux, que les passions les plus déréglées, & elle en causera plus long-tems. Pen-

Penfons, que les mouvemens de l'ame nous font le plus fouvent inconnus; que nous n'entrevoyons qu'une très petite partie des conféquences de nos actions; que nous ignorons pour l'ordinaire quelles font les loix qui doivent l'emporter, lorfquelles fe contredifent; & enfin que nous ne fçavons pas jusqu'à quel point nos préjugés & notre foibleffe peuvent nous juftifier. Cela fuffira peut-être, pour nous faire fentir le peu de certitude qu'il y a dans nos connoiffances morales.

CXXV.

Cette incertitude qui régne dans les fciences, qui ont nos devoirs pour

pour objet, est une suite des efforts qu'on a fait pour les réduire en systêmes. Les chicanes du Barreau n'ont eu lieu qu'après le nombre des Sçavans, que l'étude de la Jurisprudence a formés. La malice des gens éclairés a souvent triomphé de l'innocence de ceux qui n'étoient pas instruits. On voit douze cents ans après la publication du Codé, des Docteurs en Droit s'efforcer d'éluder les Loix les plus précises, & trouver le moyen d'en imposer. Pour empêcher que l'innocence ne soit opprimée, il faut étudier pendant plusieurs années, un nombre infini de Loix, & de Commentaires;

faire

faire de profondes recherches sur les coûtumes & sur les usages des Romains ; examiner scrupuleusement ceux des anciens peuples, qui ont vécu dans les contrées que nous habitons ; approfondir le sens de quelques Edits publiés dans des temps barbares ; tandis que pour administrer sagement la Justice, il ne faut que du bon sens & de l'équité. Le droit est tombé dans une si grande incertitude, que dans un nombre infini de cas le Juge peut décider pour ou contre, sans paroître avoir manqué à la loi. Un Roi, pour le bien de ses peuples, a sçû remédier à des maux aussi sensibles ; la postérité ne ne pourra oublier un bienfait auſſi grand. L'incertitude de la morale eſt malheureuſement dans un cas bien différent. On aura de la peine d'empêcher les Philoſophes de bâtir des ſyſtêmes; on les verra toujours d'accord ſur les premiers principes, ſe livrer des combats éternels pour des conſéquences. Que ces diſcuſſions morales & politiques, où l'obſcurité voile le ſophiſme, doivent déplaire à celui qui cherche à s'inſtruire, mais qui ne veut point être ſéduit!

CXXVI.

C'eſt un abus dans toutes les Religions, que de ne pas faire ſentir aux hommes avec aſſez de force,

com-

combien il est beau, utile, & nécessaire, d'aimer la vertu pour elle-même, & pour le bien qui en résulte. On se borne à insister sur les motifs, que la révélation fournit, mais un homme qui ne fuit le vice que par la crainte des peines, est peu vertueux : Il faut qu'on puisse dire de nous : *Oderunt peccare virtutis amore*. On expose les hommes par une semblable conduite, à se livrer aux vices & aux crimes, toutes les fois que leur esprit, peu occupé des peines dont on les menace, n'entrevoit que le bien présent. Je me défie d'un cagot qui passe subitement à l'irréligion ; pour l'ordinaire c'est un mau-

mauvais citoien. Heureux celui, qui trouve du plaisir à faire le bien, & qui sans faste, sans orgueil, & sans vices, sçait vivre pour sa patrie.

CXXVII.

Aimons sincérement la société dans laquelle nous sommes placés; cet amour nous rendra vertueux. Qu'au reste, ce que nous faisons pour parvenir à notre but, soit précisément ce qu'il auroit fallu faire, ou qu'il en soit fort éloigné, c'est sur quoi nous pouvons nous tranquilliser, lorsque nous avons fait tout ce que nous avons pû. Si les hommes ne doivent pas se plaindre de n'être ni dix fois plus grands,

ni

ni dix fois plus forts qu'ils ne sont; doivent-ils se tourmenter de ce que leur esprit n'est pas beaucoup plus pénétrant, & de ce que leur foiblesse naturelle, & leurs passions, s'opposent si vivement aux sages réfléxions qu'ils peuvent faire ? Si nos excès ont affoibli notre corps; si nous sentons qu'avec plus de soins à nous instruire, à éviter les occasions de faire mal, à ne pas perdre de vuë des principes sages, & des motifs puissans, nous aurions satisfait à nos devoirs; nous sommes dans le cas de nous faire des reproches, & d'être mécontens de nous-mêmes. L'incertitude de la morale ne sauroit nous justifier entiérement.

H   CXXVIII.

CXXVIII.

J'avoue que les vertus dues au sentiment sont les plus sures. J'aime à voir un viellard pleurer les malheurs d'une Ariane trahie : mais il est bien sage en même temps de ne jamais agir, ni dans la grande tristesse, ni dans la grande joie, tant il arrive souvent, qu'outre notre foiblesse innée, nous nous trouvons dans des cas, ou nous ne pouvons pas employer le peu de lumiéres que nous avons, pour chercher la vérité, ou pour choisir le meilleur.

CXXIX.

Insensibles aux maux de nos concitoïens : il faut pour que nous les soula-

soulagions, que la plus affreuse misère les accable. Nos entrailles ne sont point emües: Le malheureux devient un objet de mépris, nous osons lui reprocher, qu'il a mérité les maux dont il se plaint. L'innocent qui souffre ne trouve point de défenseur. Les vertus de sentiment étant si rares, il est nécessaire de parler à l'esprit, il faut plus d'un mobile, pour faire agir les hommes.

CXXX.

L'incertitude de la morale s'accroît par celle qui régne dans la connoissance, que nous avons de nos propres sentimens, & de ceux des hommes avec qui nous vivons.

Nous sommes obligés de nous livrer à beaucoup d'illusions, pour pouvoir vivre avec des gens, qui, le venin dans l'ame, nous comblent d'amitié. Puis-je avoir tort, si j'ajoûte foi aux sentimens que *Philis* me montre? La connoissance exacte des sentimens de son cœur, détruiroit au moins le bien dont je me flatte. Après le malheur d'être au milieu d'une infinité d'hommes dont la fausseté fait l'opprobre de l'humanité, on doit regarder comme un bonheur, l'illusion qu'on peut se faire. Où fuïr, si les replis du cœur humain étoient à découvert?

CXXXI.

Je me livre un moment à l'humeur

meur noire & mélancolique qui s'empare de mon ame, je n'en dirai pas moins la vérité. Pourquoi nous vanter de certitude, nous qui sommes si souvent incertains sur les motifs de nos actions, & sur l'état de notre ame? La foible *Cléone* s'emporte contre son amant, elle l'adore, & le noircit: elle sacrifieroit ce qu'elle a de plus précieux, au bonheur de le posseder; & il y a des momens où elle lui arracheroit la vie. Que *Cléone* s'examine, elle trouvera incertains, & son amour, & sa fureur. Elle ne sçauroit haïr l'objet de son couroux, elle n'a pas sçu cherir celui de son
amour;

amour; c'est le plaisir qu'elle regrette; sans sentimens & sans vertus, elle a trouvé dans son esprit & dans sa passion, le moyen d'en imposer. Il en est de même de l'amitié; ce sentiment qui devroit être si pur, est avili par la bassesse des motifs. On recherche *Lycidas*, pourquoi? Est-ce parce qu'il est vertueux? Point du tout: la vertu choque ces oreilles faites pour le vice, & à qui les vanités ne suffisent pas. C'est un ridicule aujourd'hui de s'attacher à la vertu; un obstacle au bonheur de plaire, d'oser l'estimer & la défendre. Est-ce parce qu'il est aimable, éclairé, plein de mérite? Bien loin de-là. On se cache

les

les motifs, & je n'ose les dire. Philosophes à qui la réfléxion épargne quelques foiblesses, éblouis par le peu de cas que vous faites des Mecènes sans mérite, vous croyez que tous vos motifs sont dignes de vous: mais ne tenez-vous point encore à la foiblesse humaine ? L'orgueil & l'amour propre, sont des Protées. Ce monde est une république d'hommes, dont la plûpart tâchent réciproquement de se tromper, & de s'abuser personnellement. Qu'el art n'employent-ils pas pour déguiser leur sentiment ! Les écoles de politesse ne servent qu'au progrès de ce vice.

CXXXII.

On croit souvent, qu'une belle action

action est la preuve la plus sure d'un grand cœur : rien cependant de plus équivoque : on fait de grands efforts pour s'attirer l'estime du public. C'est par les plus petites actions, c'est par le détail de la vie d'un homme, qu'on en juge plus sûrement. Un homme, qui commet beaucoup de ces petites fautes, qu'on ne punit point, qu'on sçait rarement, & qu'on se flatte toujours de dérober à la connoissance des autres, est souvent plus méprisable, que celui qui a commis un crime. Il est une infamie, qui ne conduit pas au supplice. C'est un défaut des loix civiles, mais auquel il est impossible de rémedier médier: c'est au moraliste à suppléer à l'impuissance du bras séculier.

CXXXIII.

L'amour de la véritable gloire différe de l'ambition, comme la prudence de la fourberie. Malheur à celui, à qui la gloire n'a jamais parlé, & qui content de ramper avec ses égaux sur la surface de la terre, ne pense point à mériter les éloges de ses concitoïens, la protection de son maitre, & les regrets de ceux qui lui survivent. L'ambition suppose de l'orgueil, c'est l'envie de dominer; l'amour de la véritable gloire suppose un sincère attachement pour sa patrie, & pour ses concitoïens, c'est c'est l'envie de leur être utile. On est rempli de préjugés à cet égard, préjugés dûs à l'amour propre, aux vices, & à cette impardonnable indolence lorsqu'il s'agit du bien public.

CXXXIV.

Sans l'expérience, nous ne sçaurions peut-être rien. Le principe de contradiction même ne seroit pas certain ; car on sçait qu'il est impossible de le démontrer, sans commettre un cercle vicieux.

CXXXV.

Mais l'expérience sera-t-elle un flambeau qui conduise à la vérité? Quel guide, s'il se consume sans éclairer! Les hommes en profiteroient

roient peut-être davantage, s'ils n'avoient pas le malheur de faire des expériences, moins pour découvrir la vérité, que pour fortifier les idées qu'ils ont adoptées. *Harvey*, ce grand Anatomiste Anglois, après avoir été le bourreau d'un million de Dains, pour découvrir quelque chose en faveur de la génération, osa comparer la conception à la formation des idées dans le cerveau.

CXXXVI.

Une preuve, que l'expérience n'est pas fort propre à nous donner des idées justes, & à démontrer ce qui nous paroit vrai-semblable, est le peu de succès des travaux

de nos plus grands chymistes ; ils se bornent souvent à la découverte d'une nouvelle *composition*, ou d'un nouveau remède ; découverte qui, quoiqu'utile, n'est pas toujours due à la réfléxion, & ne l'est jamais à la connoissance exacte de ce qui doit arriver au moïen de ces expériences. Les idées des Chymistes sont souvent plus obscures, que celles de ceux qui, comme *Des-Cartes*, se contentent d'imaginer. On voit pour l'ordinaire les amateurs de la chymie, pleins de cet esprit de certitude, si nuisible aux progrès des Sciences, parce qu'ils croïent tout voir, qu'ils ne se défient guères de leurs
sens

sens, & que les bornes prescrites à leurs efforts, sont celles qu'ils préscrivent à la nature. Ils voïent des ressemblances, où il n'y en a point. Ils tenteront vainement de faire beaucoup mieux.

CXXXVII.

La nature nous a donné des sens, mais c'est l'étude & l'usage qui les a formés. (*a*) C'est à dire, que les préjugés de ceux qui nous ont élévés, se sont joints à l'imperfection de nos sens, pour nous donner des erreurs, qu'il est bien difficile de détruire. Nous sommes revenus aujourd'hui du préjugé, qui

(*a*) Voïez cet excellent Ouvrage de M. l'Abbé de Condillac, qui a pour titre, *Traité des sensations*.

qui poſoit dans les corps quelque choſe de ſemblable aux couleurs, que nous apperçevons; qui ſçait ſi tout ce que nous croïons éprouver par les ſens, n'eſt pas une ſimple façon de concevoir les choſes? Avant qu'un objet paſſe dans notre eſprit, il eſt obligé de faire bien du chemin; & dans notre eſprit même il trouve encore des préjugés propres à le défigurer.

CXXXVIII.

Il n'y aura peut-être jamais d'hypotheſe plus vrai-ſemblable, que celle des animaux ſpermatiques; & il n'y en a point qui ſoit expoſée à plus de difficultés. *Leuvenhoeck* n'a cru

cru voir rien de plus certain; cependant la découverte de (*a*) M. *Trembley* & les objections de Mr. (*b*) *de Maupertuis* arrêteront tous ceux qui feront équitables.

CXXXIX.

Les expériences ferviront d'autant moins à rendre nos hypotheses certaines, que nous ferons plus de réflexions fur la diversité des objets qui frapent nos fens, & fur celle des impressions. Un même objet affecte différemment diverses personnes: nos organes font fi fusceptibles de changer d'un moment

(*a*) Il a découvert que les Polypes fe multiplioient par végétation.
(*b*) Voyez la *Venus Physique*.

ment à l'autre, sans que nous nous en appercevions; ils sont si différents dans un même homme placé dans diverses circonstances, que nous ne sçaurions user de trop de précautions, dans les jugemens que nous portons sur ce que nous éprouvons.

CXL.

Malgré les sens dont nous jouïssons, nous ressemblons à l'aveugle, qui dit que le Soleil est la cause de la chaleur : nous avons même un défaut de plus, & que nous n'aurions pas si nous ne jugions sur le rapport de nos sens. Celui qui suspend son jugement, est le plus éclairé. Tout ce que nous affirmons,

mons, fondés sur ce que nous éprouvons, est une erreur. Car si une position ne convient pas plus à l'essence d'une chose, qu'une autre; si une disposition de nos organes n'est pas plus convenable, qu'une autre, aux fonctions de notre ame; si un mouvement quelconque des rayons solaires n'est pas plus propre, qu'un autre, à représenter dans nos yeux l'image des choses que nous voyons; comment pourrons-nous nous décider, lorsque les différentes positions d'un objet, les diverses dispositions de nos organes, & la variété des mouvemens de ce fluide subtil, qui fait la lumiére, nous feront voir,

voir, toucher & goûter différemment un même objet? *Leibniz* a bien senti cette difficulté; c'est elle qui lui a fait embrasser le système des Monades, & réduire tout ce que nous éprouvons par les sens, à des phénomenes, c'est-à-dire, à des apparences. Celui qui n'a que ses sens pour guide, qui ne peut se détromper que par le raisonnement, doit regarder l'expérience comme un ennemi, qui lui suggére sans cesse des idées fausses, & sur lesquelles il ne sçauroit se reposer un moment.

CXLI.

Ce qui fait que malgré la diversité de nos sensations, nous parlons

lons tous le même *jargon*, c'est que nous sommes tombés d'accord d'attacher un mot quelconque à telle chose, mais non pas à telle sensation. Ce n'est pas après avoir examiné de bien près quelque objet, que nous lui donnons un nom, mais c'est ou avant ou dans le moment même de la sensation, qu'on nous apprend le mot qui sert à l'exprimer. S'il nous étoit possible d'analyser ce que nous éprouvons, & d'employer des mots bien expressifs, & bien propres à donner une idée claire de l'état de notre ame, nous verrions que chaque individu a son univers, c'est à dire que tout le monde jugeant sur ses propres

propres sensations, se fait des idées aussi fausses qu'obscures, qui rendues par les mêmes mots, different cependant, & ne se ressemblent qu'en gros.

CXLII.

On ne voit d'ordinaire dans les expériences qu'on fait, que ce qu'on y veut trouver : on y voit même ce qui ne peut y être. Une cave me paroît dans l'été plus froide que dans l'hiver, parce que je juge de la température de l'air, par l'impression qu'elle fait sur moi, sans faire attention aux circonstances où je me trouve. Il a falu des Thermometres pour nous détromper.

CXLIII.

CXLIII.

Le plus grand nombre de nos expériences ne font, que des jugemens portés fur certains faits. Combien de gens difent être certains par l'expérience, qu'ils ne penfent point pendant le fommeil! Ils devroient cependant fe borner à dire, qu'ils ne fe fouviennent pas d'avoir penfé. Si un homme extrèmement échauffé fe baigne dans l'eau tiéde, il dira qu'il fçait par fa propre expérience qu'elle étoit froide, tandis que celui qui y entre ayant froid, dira qu'elle eft chaude.

CXLIV,

CXLIV.

Une cause (*a*) précède son effet; c'est une vérité que nous admettons, parce que c'est une proposition identique : mais de combien d'erreurs n'a-t-elle pas été la source ! Les Philosophes occupés à chercher une cause à un certain effet, tâchent de découvrir ce qui l'a précédé immédiatement, & satisfont ainsi leur insatiable curiosité. S'ils n'ont pas été induits par ce préjugé, à croire que les Comètes étoient autant de signes de quelques maux à venir, ils ont cependant

---

(*a*) Il est plaisant de voir un sçavant Italien se donner la torture, pour expliquer comment des pierres peuvent tomber du ciel. *Mercati* dans sa *Metallotheque*, p. 578.

dant donné dans des erreurs, qui n'avoient pas d'autre origine. De célébres Anotomistes ont attribué aux envies des femmes grosses, les taches extraordinaires que quelques enfans apportent en naissant; une légere ressemblance leur a servi de preuve. Les politiques me fourniroient bien des exemples à citer.

CXLV.

Lorsque dans la vie humaine, il est indispensablement nécessaire de déterminer la cause d'un effet, je ne pense pas qu'il faille condamner ceux, qui n'ayant d'autre moïen pour la decouvrir, que l'axiome de l'école, (a) regardent ce qui a pré-

---

(a) *Post hoc, ergo propter hoc*; c'est à dire: telle chose a précédé celle-là; donc elle en est la cause.

précédé immediatement un effet, comme une raison entièrement propre à l'expliquer. Il n'est pas possible de faire autrement, & faute de lumière il faut se contenter d'un crépuscule. Les medecins, plus sujets que d'autres à juger de la sorte, sont obligés de s'en tenir à des conjectures : ils rencontrent moins souvent, qu'ils ne pensent, parce que la pluspart des guerisons, dont ils s'applaudissent, est due à la nature, qui travaille pour eux : on doit leur passer des raisonnemens fondés sur des principes incertains : dans la nécessité d'agir, ils ne sont point responsables des évenémens malheureux. Mais

Mais ceux que rien n'oblige à déterminer une cause, & à qui le doute n'est pas dangereux, sont très condamnables de s'en rapporter à un principe aussi propre à les faire tomber dans l'erreur. On ne s'apperçoit pas toujours de l'empire, qu'exerce ce préjugé sur nos raisonnemens : mais on voit communément, quelque peu d'affinité qu'il y ait entre deux évenemens qui se touchent, que celui qui précéde est regardé comme la cause de celui qui le suit.

CXLVI.

Une autre conséquence aussi erronée que les précédentes, est celle qu'on tire de la ressemblance des effets

effets à celle des causes (*a*). Si l'on ajoûte à tant de faux raisonnemens, l'incertitude des faits, & la difficulté d'en connoître toutes les circonstances, on aura bien de la peine à croire, que la Physique ait moins d'erreur que la Métaphysique.

CXLVII.

L'amour propre pouvoit être la source de toutes nos vertus, il est devenu celle de tous nos vices, & peut-

---

(*a*) *Guill. Penn*, de la secte des *Quackers*, soûtient dans son Ouvrage sur l'état des isles & des terres, que les Anglois possédoient de son temps en Amerique, que les Amériquains sont Juifs d'origine, parce qu'ils circoncisent leurs enfans.

peut-être de la plus grande partie de nos maux. Pour être heureux, il ne s'agit que de n'avoir point de prétentions : tous les pas que nous ferons vers l'humilité, nous approcheront du bonheur. De même, plus nous ferons en garde contre nous-mêmes, plus nous aurons de peine à nous livrer sans reserve à nos raisonnemens : plus aussi nous serons exempts d'erreurs. Ce n'est point en cherchant la vérité avec soin, que nous trouverons la certitude, il faut y renoncer ; mais c'est en nous persuadant de notre foiblesse, que nous éviterons de donner à tout moment dans des idées aussi obscures, qu'absurdes. Les difficultés ne paroissent pas d'abord; si elles se dévelopent, le desir de n'en point trouver, les dérobe à nos yeux. Les Philosophes sont comme ces Généraux médiocres, qui, sautant par-dessus les moyens, ne s'inquiétent jamais du détail, ils n'entrevoyent rien qui puisse faire échouer leurs desseins; c'est ce qui fait, qu'ils ne sont pas de grands hommes. Les erreurs de ceux qui nous ont précedé, celles où nous tombons tous les jours, nos imperfections, & l'obscurité des choses que nous voulons connoître, sont autant d'avertissemens, dont nous devrions profiter; ils nous crient à tous momens : Ne décidez pas.

pas. Mais les Philosophes veulent être sourds, & ils sont aveugles.

CXLVIII.

On se plaît à mettre au nombre des préjugés, tout ce qui ne nous flatte pas : il arrive souvent qu'un homme fait consister la Philosophie, à les multiplier. Il en est cependant des coûtumes & des usages de la vie, comme des monnoies ; il y en a de bon alloi. Avec la petite portion de raison que nous avons, & qui, la plûpart du temps est encore dérangée, nous appartient-il de décider de ce qui est raisonnable, & de ce qui ne l'est pas ? On embarrasseroit beaucoup un bel esprit, si on l'obligeoit de prou-

ver

ver que ce qu'il appelle préjugé, est déraisonnable : si quelques raisons, qu'il pourroit alléguer, en éblouïssoient quelques-uns, elles ne persuaderoient point celui qui ne se précipite pas dans ses jugemens.

CXLIX.

J'ai souvent réfléchi sur la difficulté, qu'on trouve à détruire les préjugés ; je me suis perdu dans ces idées qui m'affligent. Les plus éclairés & les plus vertueux d'entre les théologiens catholiques avuoënt, que les persécutions sont contraires à la politique, à la raison, à la justice, & à la religion : cependant un corps, autrefois célébre

lébre par les grands hommes qu'on y a vû, qui conserve aujourd'hui dans son Eglise le Mausolée d'un Cardinal illustre; qui est l'école nourrice des Evêques & des Docteurs de France, un corps qui a outragé la mémoire de ses Rois, & qui condamne & approuve des thèses sans les lire, ose publier des injures contre un Ouvrage, parce qu'il y est dit; *que ce n'est point aux hommes à venger Dieu.* Ce même Evangile, qui nous recommande sur-tout la charité, la douceur, & l'humilité; qui nous represente les Apotres, soumis aux volontés des Souverains, & fort éloignés de se soustraire à l'autorité

rité des juges seculiers, quoiqu'ils fussent payens ; qui nous apprend que, lorsque les infidéles refusoient de se convertir, les apôtres & les disciples se retiroient ; qui nous fait voir les ministres de Dieu humbles, ne cherchant point à commander, mais toujours prets à obéir, ou à souffrir, à cause d'une desobéïssance nécessaire, les peines qu'on leur infligeoit : ce même Evangile, dis-je, a servi depuis de prétexte à des barbares, qui l'ont prêché le fer & la flamme à la main, & qui semblables à ces payens superstitieux, ont immolé un million de victimes à un Dieu, qu'ils annoncent comme souve-
raine-

rainement bon : il a servi de prétexte à l'ambition, & au lieu d'être le plus ferme appui du thrône, on a vû l'Eglise se faire honneur des humiliations de quelques souverains, assez simples pour souffrir une domination usurpée par des voyes, que la superstition avoit frayées. *Pœna errantis est doceri*, dit *Platon*, plus sage, plus juste, & plus humain que ces prêtres, qui ont foulé aux pieds l'humanité. Qu'on me pardonne, ce que m'arrache ici l'amour de la vérité & de la justice. Ce n'est pas aux Catholiques seuls, que je reproche l'intolérance, *Calvin* a persécuté *Servet*, & *Luther* a formé (*a*) des disciples, qui ont écrit avec aigreur contre les Calvinistes, qu'ils auroient persécutés, s'ils l'avoient osé. La premiere loi de la nature, est celle de ne point nuire aux hommes, la premiere loi de la morale est celle de les aimer.

CL.

Il y a des préjugés qui contribuent au bien de la société, & qu'il faut bien se garder de chercher à détruire entiérement. Les hommes sont des malades, à qui une nourri-

(*a*) Un Luthérien écrivit il y a plus de 150 ans un Ouvrage contre les Calvinistes intitulé : *absurda absurdorum absurdissima Calvinistica absurda*. J'ai vû un Catéchisme Luthérien, ou l'on répond en affirmant à la question, sçavoir : *si les Calvinistes adorent le diable*.

nourriture solide ne convient pas toujours. Il s'agit de les faire vivre en société, & de les rendre heureux: or leur état présent est de nature à demander des erreurs & des préjugés: on souhaite une crise violente à un homme dont le sang chargé de venin, le menace de sa fin, s'il ne se fait quelque éruption.

CLI.

Parlerai-je de l'Histoire, où quelques vérités sont mêlées avec un si grand nombre de mensonges? Nous n'y voyons les grands hommes que de loin. Le bruit de leurs actions, parvenu jusqu'à nous, nous les fait admirer; c'est

dant un moyen sûr de se tromper. On nous parle de faits arrivés, pour ainsi dire, de nos jours, qu'une partie des Historiens nie, tandis que l'autre les regarde comme avérés. La mauvaise foi des uns, l'ineptie des autres, & la foiblesse de tous, ont rempli l'Histoire d'erreurs. Je la lirai, mais je la lirai avec précaution: quelques vérités, qu'on pourra démêler, peuvent nous être utiles.

CLII.

On nous entretient tous les jours de ce qui peut nous être utile; c'est-à-dire, qu'on imite ces Astronomes, qui nous parlent des habitans des planetes. Il y a des choses

choses utiles, il y en a d'autres qui sont nuisibles: mais qu'il est difficile de les distinguer! Le présent nous flatte, tandis que l'avenir nous inquiéte peu, & que le passé ne nous sert pas de leçon, comme il le devroit. Le bonheur naît quelquefois du sein du malheur, & tous les jours nous sommes surpris d'évenemens, qui, tout naturels qu'ils sont, étoient très-difficiles à prévoir. Notre incertitude est augmentée par nos passions. Je crains de dire, que l'ignorance des hommes sur ce qui leur est vraiment utile, contribue peut-être à leur bonheur présent.

CLIII.

CLIII.

Un homme qui du fonds de son cabinet, veut pénétrer la nature, ressemble à un dévot, qui veut deviner le genre de félicité, dont les bien-heureux doivent jouïr dans le Paradis. A quoi sert-il de faire des systèmes sur des choses, qu'on ne sçauroit comprendre? On connoît bien la nature, telle qu'on l'a façonnée, mais non pas telle qu'elle est.

CLIV.

Les Egyptiens la connoissoient bien mieux que nous. Ils la représentoient sous la figure d'une femme couverte d'un voile, avec ces mots au dessous: *Je suis tout ce qui est, tout ce qui a été & tout ce qui* ce qui sera; & jamais mortel n'a pû lever le voîle qui me cache.

CLV.

Que les *Maupertuis*, les *Buffons*, les *d'Alemberts*, les *Mairans*, dignes successeurs des *Neutons*, des *Des-Cartes*, & des *Leibnitz*, fassent des systêmes; qu'ils tâchent de démontrer des hypothèses, les uns par l'*éblouïssant* de leur prodigieux calcul, les autres par le *séduisant* de leurs raisonnemens, ils ne laisseront à la postérité, avec les plus justes sujets d'admiration, que les preuves les plus convaincantes de cette vérité, que les hommes ne sont faits que pour le vrai-semblable.

CLVI.

CLVI.

Si l'ignorance des hommes a multiplié les miracles & les Saints, l'erreur a rempli le monde de systêmes. Les erreurs se sont multipliées, après que l'ignorance a été détruite. Il y a eu un temps où l'on ignoroit, que les planetes fussent des corps plus ou moins grands que la terre: l'on ne croyoit donc pas que ces globes fussent peuplés, les uns d'esprits très-subtils, les autres de créatures d'une taille énorme.

CLVII.

Ce qui étoit certain autrefois, nous paroît faux aujourd'hui; les erreurs des siècles passés trouvent parmi

parmi nous des défenseurs : preuve que les circonstances du temps, & le plaisir de ruïner un système, pour en élever un autre, contribuent aux changemens des opinions philosophiques.

CLVIII.

La complaisance même concourt à multiplier les erreurs, à affoiblir les preuves de la vérité, & à répandre une nouvelle obscurité sur ce qu'on veut connoître. L'opulence, les femmes, & les Mécenes ont nui quelquefois à la philosophie. La vérité a plus d'un tiran.

CLIX.

Ces réfléxions ébranlent peut-être

être déja les fondemens de tous nos raisonnemens; mais on peut encore les attaquer directement. Il n'y a qu'à examiner tout soigneusement, & ne rien admettre sans preuve. Je doute qu'aucune proposition, fût-elle reçue par tous les Philosophes, résistât à l'épreuve que je vais proposer.

CLX.

Comprend-on les mots que l'on prononce? Connoît-on la chose dont on parle? Est-on certain d'envisager tout ce qui la concerne? N'a-t-on pas lié ensemble des contradictoires? N'y a-t-il point de motifs étrangers, ou de préjugés qui favorisent l'idée, qu'on adopte?

Les

Les conséquences sont elles justes ? Sçait-on tout ce qu'on peut objecter ? Est on certain que toutes ces objections peuvent être réfutées ? Est-on enfin en état de le faire ?

CLXI.

Toutes nos connoissances se reduisent, ou à des idées abstraites, ou à des idées individuelles. Mais les premières sont obscures, elles ne présentent à l'esprit rien de lumineux, & elles sont la source d'un grand nombre de raisonnemens inintelligibles; pour les autres, elles ne sont jamais ni exactes, ni certaines à tous égards, elles présentent bien à l'esprit quelque

que chofe de réel, mais nous n'appercevons ces réalités qu'imparfaitement. Ce grand nombre de mots & d'idées abstraites que nous employons, est une preuve de notre foiblesse.

CLXII.

Nous ne fçaurions donc nous flatter de connoître quelque chofe avec certitude. Il faut fe contenter d'entrevoir confusément au travers d'un rideau, & de conjecturer ce qui pourroit bien y être caché. Les conjectures prennent la place de la vérité; & au défaut du certain, nous jouïffons du probable: c'est une foible lumiére, mais une plus grande nous éblouïroit.

Sors tua mortalis, non est mortale quod optas.

CLXIII.

Revenons de nos préjugés; ils ont assez long-temps maîtrisé l'esprit humain: secouons un joug, que tant d'ennemis puissans nous ont imposé. Il ne suffit pas de douter de quelques idées, il faut douter de toutes. Je crains que si le temps guérit les générations futures, des erreurs qui regnent parmi nous, ainsi qu'il nous a ôté celles de l'Ecole, de nouveaux siècles ne produisent de nouveaux systèmes; il est de l'homme d'errer. Parcourons les annales de cet univers, pour y apprendre quelques régles

régles de politique, & pour juger des hommes avec qui nous vivons, par les hommes des siècles passés: jettons les yeux sur la nature, pour en admirer l'Auteur, & que notre foiblesse nous serve à supporter celle des autres.

CLXIV.

Ce n'est point aux premiers principes de nos connoissances, ni à des notions générales, que je me refuse; ces propositions, ou identiques, ou du moins faciles à réduire à l'identité, ne sont point susceptibles de doute, parce qu'elles n'avancent rien. C'est de l'application des principes que naît l'erreur. Il en est de ceci comme des Mathématiques; tant qu'elles ne font point appliquées à des fujets particuliers, elles ne renferment que des propofitions identiques : elles deviennent au contraire une fource d'erreurs, lorfqu'on les employe dans la Phyfique; un fage a dit (dans fon *interprétation de la nature*,) que pour les reconnoître, il faudroit un calcul d'aberration.

CLXV.

Les hommes n'ont, ni la force de connoître pourquoi telle erreur n'eft pas une vérité, ni celle de fçavoir pourquoi telle vérité n'eft pas une erreur. L'affemblage de toutes les vérités eft comme un théatre de machines; nous en connoiffons noiſſons quelques-unes, mais nous ne ſçavons pas d'où elles partent, ce qui les ſoûtient, ni ce qui fait fait qu'elles ſont vraies : beaucoup de vrai-ſemblances nous entraînent, ce ſont des apparences, que nous prenons pour des réalités.

CLXVI.

Si nous ne pouvons pas démontrer ce que nous ſçavons d'ailleurs être certain, contentons nous de le croire, ſans nous efforcer inutilement de nous en convaincre. Accoûtumons-nous à admettre des choſes, que nous ne concevons pas; nous riſquerions peut-être trop en les niant. Quiconque vit avec des hommes, doit croire des choſes bien difficiles à concevoir.

CLXVII.

CLXVII.

Que l'incertitude de nos connoissances ne nous embarrasse point; leur bonté & leur utilité n'en souffriront pas. La certitude n'est pas ce qui s'y trouve de plus utile pour nous. La difficulté de connoître clairement, est un cri de la nature, qui nous avertit de notre foiblesse, & des précautions que nous avons à prendre.

CLXVIII.

Non, nous ne gagnerions rien à voir moins d'incertitude dans nos connoissances. On doit admirer la bonté & la sagesse de l'Etre parfait, lorsqu'on fait attention à l'utilité infinie, qui résulte du peu de certitude, que les hommes peuvent avoir sur eux-mêmes, sur leur état présent, & sur leur état fu-

tur :

tur: leur bonheur le demandoit ainsi, il falloit les faire vivre en société.

CLXIX.

Nos plaisirs même demandent à n'être point analysés; plus il s'y trouve de confusion, plus il y a d'incertitude pour leur durée, plus nous sommes ignorans sur leur nature, plus aussi ils sont vifs. Un plaisir attendu, médité, approfondi est un mal. Consolons-nous donc de l'incertitude où nous sommes plongés: elle est nécessaire, elle est utile. Philosophes, vous êtes des chênes que le vent déracine. Si vous aviez moins d'audace, on connoîtroit moins votre foiblesse. Allez étonner l'univers des efforts de votre imagination: vous confirmerez le Sage dans ses doutes.

LETTRE

A M. D. C. C. D. A.

SUR

LE BONHEUR DES HOMMES.

Dona præsentis rape lætus horæ.

LETTRE
À M. D. C. C. D. A......
SUR LE BONHEUR DES HOMMES.

Plusieurs conversations, Monsieur, n'ont pas pû vous persuader d'un sentiment, qui révolte avec vous un nombre infini de personnes: il faut que je vous écrive, & que je tâche de mettre dans tout son jour, cette vérité que je me suis efforcé d'établir dans mon *Pyrrhonisme du Sage*, §. 68.

Ne vous attendez pas, Monsieur, à une démonstration; je sais qu'il est impossible à l'esprit humain d'en d'en donner; il ne s'agit que de vraisemblance. Pésez les raisons, que je vous alléguerai, & décidez vous ensuite pour ce qui vous paroitra le plus vraisemblable. Si vous vous servez de toute vôtre raison, & de votre esprit, & que vous vouliez bien, pour un moment, faire abstraction de certains préjugés d'éducation, votre avis sera pour moi d'un très grand poids; & s'il arrive que je ne vous persuade pas, je craindrai de m'être livré trop facilement à un petit nombre de probabilités.

Tous les hommes sont heureux, voilà ma these; & voici mes preuves. J'appelle heureux celui qui,

tout

tout compté, est obligé d'avouër, que les biens dont il joüit sont infiniment plus considérables, & en beaucoup plus grand nombre, que les maux dont il peut se plaindre : & je dis que tous les hommes sont dans ce cas. Je n'irai point chercher ici dans l'*Optimisme* de *Leibniz* une preuve générale de ce que j'avance, & à laquelle il n'y a point de réplique. Les hommes sont trop peu citoïens, pour voir sans murmure leurs intérets particuliers subordonnés au bien public. Ce seroit en vain qu'on leur prouveroit, que cet Univers est de tous les Univers possibles le meilleur, & qu'ainsi leur état est celui, qui convient le plus à l'idée d'un monde parfait : ils penseroient toûjours, qu'ils auroient pû faire la plus grande fortune, sans que l'enchaînement des événemens de ce monde eût cessé d'être le plus parfait : peut-être même seroient ils assez vains pour croire, que le monde en eut été meilleur, s'ils avoient été plus heureux. Un ambitieux s'imagineroit sans peine que l'univers n'auroit rien perdu de sa perfection, si au lieu du Souverain qui ne se prête pas à ses vûes, il auroit été lui-même sur le thrône : tout est bien, dit *Pope*, c'est à dire, que tout ce qui existe ne sauroit être mieux, & ne sau-

sauroit être autrement, sans supposer des imperfections, qui ne conviennent pas à l'idée, que nous
devons nous faire d'un Etre parfait. Mais j'abandonne sans peine
cette preuve si sensible pour les
Philosophes; j'en ai d'autres auxquels on ne sauroit se refuser.
J'avoue qu'il y a des maux; mais
ces maux rendent-ils les hommes
malheureux? C'est ce que je ne
saurois croire.

Distinguons d'abord les biens &
les maux qui ne dépendent pas de
nous, d'avec ceux dont nous sommes les auteurs. Quand il seroit
vrai que l'homme se fait beaucoup
plus de mal que de bien, il ne s'en

suivroit pas de là qu'il fut malheureux, du moins il seroit faux de dire, que la nature en fasse.

Pour peu qu'on réfléchisse, on verra de quel prix est l'existence. Ce bien si précieux ne sauroit être contrebalancé, ni par les douleurs les plus affreuses, ni par les chagrins les plus cuisans. La vie est un véritable bien. On ne pense pas assez au néant, & l'homme accoûtumé à jouïr de la vie, en méconnoit le prix. On regarde comme fort heureux, celui qui, avec des talens & une bonne conduite, s'est fait de grands Protecteurs, parce qu'il est dans le cas de faire sa fortune; tout semble l'anl'annoncer. Mais l'exiſtence n'eſt-elle pas ce premier bien, après lequel nous aſpirerions, s'il étoit poſſible de déſirer avant que de naître. Un homme raiſonnable ne demande pas pour l'ordinaire qu'on lui faſſe ſa fortune; il ne ſouhaite que de voir les obſtacles ſe diſſiper, & d'être le maitre de mériter quelque choſe par ſes efforts. Lorſque nous ſommes parvenus aux grandeurs, nous commençons par les mépriſer, nous voulons faire croire aux autres que les honneurs nous ſont à charge, & nous cherchons à leur perſuader, que la mediocrité & la retraite ont des charmes pour nous. Que nous

nous serions honteux, si l'on nous offroit les moyens d'obtenir ces biens, que nous vantons! Bien loin de les recevoir avec plaisir, ils seroient pour nous des sujets d'allarmes, & nous deviendrions peut-être criminels, pour ne pas quitter ces honneurs que nous faisions semblant de mépriser. Il en est de même de la vie; celui qui se plaint le plus, ne refuseroit rien pour la conserver. La vie est donc un bien.

Avec quelle attention le mal le plus leger ne nous fait-il pas consulter nos Esculapes? Que de soins, lorsque le plaisir ne nous aveugle pas, pour nous garantir d'un dernier

nier moment, qui nous attend tous! Les apparences de la mort nous font trembler, autant parce que nous cheriffons la vie, que parce que l'avenir nous paroit, ou fâcheux, ou incertain.

Si la vie est quelque chose de bien précieux, que sera-ce du bonheur de penser? Je ne parle point ici des gens instruits; je ne parlerai pas non plus de ceux qui sont nés dans la fortune, parce que tous les hommes n'étant pas dans le même cas, ce que je prouverois ne regarderoit pas la plus grande partie du genre humain. Comparons nous un moment avec les animaux, machines, ou animés
d'un

d'un esprit d'instinct de la matière; que de supériorité dans l'homme! Quelque foible que soit nôtre esprit, quelque bornées que soient nos lumiéres, on ne sauroit trop priser l'avantage de penser. Ce don de la nature nous a mis en état de rendre une infinité de choses propres à nôtre usage, de pourvoir à nos besoins, de vivre en société, de former des établissemens, & de procurer enfin à ceux qui se servent de leur raison, le bien inestimable d'acquérir des connoissances, de méditer, & de passer dans l'étude les plus doux momens de la vie; avantage au dessus des plus grandes fortunes.

La

La difformité du corps, une santé foible, les chagrins & la disette, maux dont nous ne sommes pas pour l'ordinaire la cause, & qu'il ne dépend pas de nous d'éviter, peuvent-ils être regardés comme des fléaux, qui rendent la vie insupportable, & la faculté de penser d'aucun prix ? S'il est des ames assez peu élevées pour mettre les foiblesses du corps au nombre des plus grands maux, il n'en est sûrement point qui, ayant le choix, préféreroit le néant à l'existence accompagnée de quelques incommodités. Il est sans doute désagréable de se voir en butte aux railleries & aux mépris de cette foule d'esprits d'esprits subalternes, dont les sociétés reçoivent quelquefois le ton: mais notre bonheur & notre repos dépendent-ils de ces jugemens frivoles, où le bon sens ne préside jamais, & où la vertu est un phantôme. Celui qui est né avec quelque défaut du corps, doit tirer de son état les consolations propres à lui faire oublier les bons mots des petits maitres, & les dégouts de ces femmes, à qui les privileges du sexe sont nécessaires pour être supportables; si tant est qu'assez peu raisonnable, il fasse attention à cette partie du genre humain. Qu'importe-t-il donc à l'homme à l'état, au genre humain, que notre

notre corps reſſemble parfaitement à l'idée que nous nous ſommes faite d'une figure qui plait; ou que, contre les regles de la proportion, il choque ceux qui placent le mérite dans les agrémens les moins ſenſibles aux yeux du ſage?

Une ſanté foible n'eſt pas plus capable de nous rendre malheureux. On ſeroit ſans doute plus heureux, ſi elle étoit à l'abri des infirmités de la vie: mais eſt-on malheureux, parce qu'on n'eſt pas auſſi heureux, qu'on pourroit l'être? Les maladies ne nous épouvantent, que parce que la vie nous eſt chère. Celui qui fait penſer, ne ſe laiſſe point abattre par des incommodités,

dités, que nous pouvons soulager de tant de façons différentes. Nous sommes si peu faits aux maux, que le mal le plus leger se fait sentir. Quelques maladies que nous ayons, tout notre corps ne souffre pas, & si nous étions justes nous opposerions à nos douleurs, les biens qui nous restent. Un sourd n'est pas aveugle, un goutteux n'est pas hydropique : il ne s'agit pas de savoir, si la goute & la surdité sont des maux desagréables, je ne l'ai jamais nié, mais je pense que tous les maux auxquels l'humanité est sujette, ne les eut-on point mérité par des déréglemens, ne nous mettent jamais dans le cas de nous regarder

der comme malheureux, & de nous plaindre de notre propre existence.

Je vais plus loin : tous les maux imaginables (supposition impossible) dussent-ils fondre tour à tour sur un seul homme, je ne vois pas qu'il pût avec raison se regarder comme malheureux, s'il lui reste la faculté de penser. Ceux à qui cette liberté paroit insuportable, & qui s'imaginent que la réflexion rend les maux plus douloureux, ressemblent à ces hommes, qui ne peuvent aller au combat, que lorsque le vin leur a ôté l'usage de la raison. On pardonne aux premiers mouvemens de la douleur, mais on ne sauroit pardonner à ceux qui de sang

sang froid s'abondonnent à des sentimens, que l'amour excessif des plaisirs sensuels, & un mépris pour ce qu'il y a de plus précieux dans l'homme, inspirent. Que dirons-nous donc de ceux, qui après avoir passé les trois quarts de la vie sans la moindre incommodité, se croient fort malheureux, lorsque la foiblesse ou la perte des esprits animaux, les rend moins vifs, moins sensibles à la volupté, & sujets à quelques maladies? Nous passons la vie pour l'ordinaire avec très peu de maladies. L'espérance qui ne nous quitte jamais, les secours qui se présentent de toutes parts, les consolations qu'on peut se procurer,

cet

cet avertissement d'une fin qui nous attend, ces moyens de rentrer en nous-mêmes, & de devenir bons citoïens, ces motifs pour nous engager à prêter une main secourable à d'autres, qui souffrent aussi bien que nous, ces preuves que la nature nous suggère de la vicissitude des biens de la vie, & du prix inestimable d'une conduite sans reproche, ces momens enfin si propres à nous dévoiler le caractère des personnes avec qui nous vivons, sont-ils donc des biens si méprisables ?

Les chagrins sont peut-être de tous les maux de la vie, ceux qui sont les plus sensibles. Mais ils n'abattent

tent que celui en qui la pufillanimité eft un défaut incorrigible. Un efprit un peu fort fe roidit contre les adverfités : d'ailleurs nos plus grands chagrins ont une origine bien coupable, l'amour propre & l'injuftice. Les biens ceffent-ils d'être un objet de reconnoiffance parce qu'ils ne font pas éternels? Sommes-nous en droit de nous plaindre fi nous ne jouïffons pas toujours des mêmes agrémens? D'autres fuccedent aux premiers. Au-lieu de fentir le prix des chofes qui nous flattent, nous ne penfons qu'à l'avenir; & la privation de ce qui nous a fait plaifir, devient pour nous une raifon d'ingratitude & de

& de murmure. Ce qui chagrine & afflige un nombre infini d'hommes, devroit au contraire leur plaire. Une femme se désole de la perte de sa beauté, parce que la frivolité lui tenoit lieu de mérite; ce nombre d'adorateurs, qui étoient autant de monumens élevés à sa gloire, l'abandonne, heureuse de pouvoir dans la retraite se persuader des foiblesses, qu'elle a eues. Un ambitieux est accablé par la disgrace de son Prince; ces Courtisans, qui l'entouroient tous les jours, le méprisent aujourdhui, le thrône est à ses yeux un sujet d'allarmes: que de foiblesse! que ne sçait-il réparer ses torts, mériter par ses efforts

efforts l'estime du public, & se procurer le bonheur d'être content de lui-même; bien, que rien ne sauroit nous arracher. La disgrace des grands est pour l'ordinaire le premier pas, mais un pas forcé, qu'on fait vers la sagesse.

Un ami, un père, un fils, un amant, s'afflige à la perte de ce qu'il chérissoit. Mouvemens d'une douleur que la nature inspire, mais que la raison doit modérer. On se pleure soi-même, & ces trophées erigés à la gloire des grands hommes, ces larmes qui ont coulé sur leur tombeau, prouvent autant nos besoins, que les vertus de ces

ces héros, souvent peu aimés pendant qu'ils étoient encore au milieu de nous. Ces pertes sont douloureuses, je l'avoue, mais ces pertes nous prouvent nôtre bonheur. Nous en avons joui. Nos chagrins sont des taches à notre gloire, lorsqu'il excitent nos murmures.

Il y a des chagrins, dans le dénombrement desquels il seroit ridicule d'entrer, & qui sont cependant quelquesfois plus importans que ceux dont je viens de parler. Mais ils naissent tous de nos vices & de nos défauts : celui dont le cœur est pur, peut sans peine se mettre au dessus de ces afflictions, qui n'ont souvent de prise que sur
les

les ames foibles. Je ne prétends pas qu'il faille être insensible ; fort éloigné des sentimens absurdes des Stoïciens, je ne me feliciterai pas d'avoir des maux ; je me plaindrai, mais j'avouërai que, tout bien calculé, les biens dont la providence m'a comblé, surpassent de beaucoup les maux dont je suis affligé ; je tirerai parti de ces afflictions, & quelques unes d'entre elles me paroîtront de véritables biens.

La disette, cet état où la vertu est mise à l'épreuve, paroit aux hommes le fléau le plus épouvantable. Que les hommes courent après les sources de tant de maux ; le sage se rit des préjugés du plus grand

grand nombre, plaint ceux qui cherchent la fortune avec trop de peine, & méprise ceux qui la préférent à des biens plus estimables. Qu'il est honteux pour l'humanité de sacrifier son repos, ses plaisirs, son contentement, & le bien du public à l'acquisition d'une chose, dont un homme sans mérite peut seul se parer. Il y a des ressources contre la pauvreté, notre amour propre les rejette. Qu'importe-t-il donc à l'homme raisonnable d'avoir une abondance de superfluités, ou de n'avoir que ce qu'il faut précisément pour subvenir aux besoins de la nature? Si l'orgueil est permis à l'homme, ce n'est que dans le cas où le riche cherche dans l'opulence une raison de supériorité. Les richesses nous procurent des agrémens, que la pauvreté ne connoit pas, mais ces agrémens ne sont pas ce qu'il y a de plus précieux dans la vie. Si les richesses empêchent qu'un *Crésus* soit le mépris de tout le monde, c'est par la faute de cette foule d'esprits rempans, dont la terre est inondée, & que j'oserois mépriser hautement, s'il appartenoit à un sujet d'être l'aristarque de ses concitoïens.

L'infamie est un de ces épouvantails, que la sureté publique à inventé. Mais il y a des vices, il y a des actions & des penchans, qui ne ne conduisent pas au supplice, & qui sont aussi infames que les crimes les plus détestés. L'infamie, ou les marques extérieures d'un mépris général, ne sauroient rendre un homme malheureux.

Car s'il arrive qu'un innocent souffre, le malheur d'être opprimé, sera-t-il donc plus grand que le bonheur de n'avoir aucun reproche à se faire? Un criminel au contraire, trop heureux de servir d'exemple aux autres, & de trouver malgré lui les moyens les plus efficaces de changer de conduite, ou de périr du moins avec un esprit revenu de ses égaremens, doit regarder la sévérité de la justice

tice comme un bien; on met une fin à ses débordemens, qui auroient peut-être duré plus longtems. Ceux qui voyent dans leur famille des sujets d'ignominie, doivent être citoïens; il n'est plus de liaison lorsqu'il s'agit de la patrie. Je les plains, mais dans leurs maux ils ont des ressources, & ce qui leur arrive n'est, ni sans consolation, ni le plus grand mal, ni un mal qui les prive, ou qui diminue le prix des biens dont ils jouissent.

Dirai-je qu'un homme livré aux remords les plus cruels est malheureux? Point du tout. Après avoir eu le malheur de s'être livré au crime, il doit regarder les remords,

mords, comme le plus grand de tous les biens. On rend son estime & son amitié à celui dont l'ame est dechirée par la violence des regrets. C'est le plus sur moyen de devenir homme de bien.

Le crime est le plus grand de tous les maux, mais il dépend de nous de l'éviter; & si nous y sommes tombés, il est des moyens de nous rendre meilleurs. Un criminel peut à chaque moment de son existence se procurer ce bonheur, que les ames bien nées savent priser.

S'il y a donc des malheureux, c'est parce qu'ils veulent l'être, & leur malheur est de nature, ou à n'être point apperçû par celui qui en est accablé, ou à être detruit dès qu'on en sent toute l'horreur. Celui qui connoit le prix de la vertu, & qui ne peut plus douter de l'affreux précipice, où ses égaremens l'ont jetté, est un homme qui revient à lui, & qui marche vers le bonheur.

Je prévois, Monsieur, que vous allez me parler de la folie & de la mélancholie, maux qui ne diffèrent que de quelques degrés : mais, je vous prie, suspendez votre jugement, & attendez une discussion, que je vous donnerai bientôt : cela m'éloigneroit trop de mon sujet, & ma lettre deviendroit une dissertation. M'ob-

M'objecterez-vous, que c'est les hommes qu'il faut consulter, pour savoir s'ils sont heureux, & qu'il n'y a point de bonheur, pour celui qui s'imagine n'en point avoir? Mais ignorez-vous donc que l'hom- est un être qui se croit malheu- reux sans malheur, ou qui du moins ne veut pas passer pour être heureux. On se fait gloire de ce qui devroit nous faire honte : au lieu de parler de nos biens & de reconnoître nos avantages, nous nous plaignons sans cesse, notre amour propre nous persuade que nous étions faits le parfait bon- heur. Aux yeux des hommes nous multiplions nos maux, & nous

dimi-

diminuons le prix des biens, que la nature nous a donnés. La sincérité ne se trouve jamais dans nos discours, notre propre cœur condamne tout bas, ce que nous nous efforçons de persuader aux autres.

Si l'on dit que le suïcide est une preuve certaine du malheur, de ceux qui s'y abandonnent, je répondrai, quil ne prouve autre chose qu'un moment de délire. J'avoue qu'un homme, qui périt par ses mains, se croit malheureux, mais il ne l'est pas. D'ailleurs les maux ont leur yvresse, un moment de réfléxion de plus auroit empêché un dessein aussi noir, & la même main

main qui vient de terminer nos jours, fermeroit, si elle le pouvoit, la playe qu'elle vient de faire. Il est un tems où nous devons mourir ; ce n'est point à nous à le déterminer. *Vale & I licet*, disoient les Romains, à celui dont-ils bruloient le cadavre. Celui qui croit abréger par le suïcide les maux, qu'il éprouve préfére la perte d'un très grand nombre de biens, à quelques incommodités, supportables pour quiconque fait usage de sa raison. Il ne faut pas consulter les caprices des hommes pour juger de leur bonheur ; il s'agit de compter le nombre de leurs biens & de leurs maux, & de péser les uns &

les

les autres; il est certain que les premiers l'emportent de beaucoup.

Pour trouver des malheureux on charge le portrait, sans penser s'il existe, ou si c'est une chimère. On s'imagine que la privation de ce que nous possédions, & qui nous faisoit plaisir, est un mal. Une bonne partie des commodités de la vie, n'est agréable que par l'habitude: nous devrions avoir moins d'amour propre, nous aurions moins de besoins, moins de regrets, moins de desirs, & plus de contentement.

Pourquoi les hommes se plaignent-ils, si ce n'est que, parce que peu habitués au mal, il leur paroit étran-

étrange d'en avoir? Plus justes ils devroient s'appercevoir des biens dont-ils jouïssent, mais la possession les leur a rendu trop familiers : plus raisonnables ils devroient se féliciter du petit nombre de leurs maux, & de la durée des biens, dont la nature trop libérale les a comblés, mais un moment de douleur éclipse à leurs yeux un siécle de bonheur. L'absence de tous les maux, la jouïssance d'une infinité de biens ne les contentent pas. Ils voudroient être toujours dans la joie, c'est à dire, avoir toujours des biens qui leur ayent été auparavant inconnus. Que l'homme est un être singulier! Insensible pour l'ordinaire aux maux de ses concitoïens, les biens qu'il leur voit, sont autant d'objets, qui le blessent; tant l'esprit humain a sû se retourner, pour pouvoir se plaindre de la nature, & donner de la couleur à son ingratitude.

Je ne me suis point fait une Philosophie Stoïque, qui méprise les maux, & qui fait gloire de les souffrir sans peine, même de les rechercher. Je pense encore moins, comme quelques théologiens, qui trouvent que la nature ne nous devant rien, nous devons nous trouver encore trop heureux d'être parvenus à l'existence, quelque malheureux que nous soyons d'aild'ailleurs. Je me suis fait de Dieu une idée bien plus grande. Tout me paroit concourir au bonheur des hommes, & je vois la nature en travail s'opposer à leurs maux.

Que de biens en effet pour cet être ingrat! Je suis sorti du néant, je suis parvenu à l'existence; mon enfance a été sauvée des dangers, qu'elle est obligée de courir; je sens du plaisir à voir la belle nature offrir à mes yeux le plus beau des spectacles; les sons les plus harmonieux flattent mes oreilles & m'inspirent du sentiment; les fleurs répandent un parfum délicieux; je goute des mets, qui
exci-

excitant mon appétit, augmentent mes forces; Un tact voluptueux m'inspire des plaisirs, qui me prouvent une existence; & mes desirs, conduits par la raison, gouvernent mon ame, sans la troubler; Une douce yvresse, dans ces mouvemens d'un esprit, que la sagesse n'abandonne jamais, prend la place de ces desirs tumultueux, que des passions aveugles font naître. Quels charmes pour un être qui sait penser, que ceux de l'amitié & de l'amour! Toute notre ame est occupée, & ces momens voluptueux, que les regrets ne suivent jamais, sont des délices pour tous les moments de notre existence.

On

On ne sauroit trop admirer avec combien de soin la nature a pensé à rendre notre état heureux; elle change insensiblement nos gouts, à mesure que nos besoins changent avec notre âge. L'enfance a des plaisirs, qui durent longtems; la jeunesse en a de vifs; l'âge mur en a de tranquilles; & la vieillesse, qui en a de lents, les sent d'autant plus, qu'ils sont moins fréquents. La vivacité du plaisir augmente avec le nombre de ceux qu'on a. La jeunesse les sentiroit moins, s'ils étoient moins vifs, parce qu'elle en a beaucoup; il faut que la vivacité de quelques uns soit assez grande, pour dominer sur une ame, qui réflé-

réfléchit aussi peu. Ce n'est pas tout : je vois quelque chose de plus que des parens & des amis, je vois mes citoïens, ma patrie, mon Roi ; je puis leur être utile, ils sont faits pour mon bonheur. Qu'il est doux de pouvoir se dire à soi-même : j'ai servi ma patrie, & tout homme peut avoir ce bonheur, s'il le veut. Les derniers momens de notre vie, l'état le plus affreux, peut encore nous fournir le moyen de donner à nos concitoïens des marques de notre amour.

Si la pratique des devoirs les plus essentiels, si l'occupation la plus noble, si l'état le plus doux

de

de l'ame, si les sensations les plus delicates, si la jouïssance des biens les plus nécessaires au bonheur des hommes, ne peuvent pas nous rendre heureux, j'ai droit de dire que le bonheur est une chimère. Je sais que je parle contre des préjugés difficiles à détruire; que dire en effet à un homme qui se plaint de son existence, parce qu'il a mal aux dents? Cette ingratitude, & cet aveuglement me désesperent. On se croit fait pour de plus grands biens, & c'est une raison pour méconnoître ceux dont on joult; du moins on se persuade qu'on est infiment moins heureux, que ce peu d'hommes, qui parvenus aux plus grands

grands honneurs, deviennent les idoles d'une grande partie du genre humain. Nous nous figurons que le suprême bonheur consiste à gouverner les autres, comme s'il n'étoit pas un empire bien plus grand, que tous les hommes peuvent exercer : nous croyons que les richesses ne laissent rien à désirer, comme si la médiocrité, la disette même, n'avoient pas leurs avantages; nous pensons que les honneurs, & ces marques extérieures de l'estime publique, dûes plus souvent à l'interêt & à la bassesse qu'au mérite des grands, contribuent beaucoup au bonheur des hommes, tandis qu'à charge à ceux-là mêmes, qui les re-

reçoivent, ils ne servent souvent qu'à mettre au jour les ridicules & les vices d'un si grand nombre d'hommes. Croira-t-on qu'il y a beaucoup de bonheur a pouvoir se vanter de tirer son origine de quelques grands du siècle passé, comme s'il n'étoit pas plus agréable d'illustrer sa race, que de lui devoir le seul mérite qu'on a. Il est des avantages dus à la naissance, le bien des sociétés l'a demandé, & on doit recompenser en nous les vertus de nos aïeux : la cendre des héros demande des égards, leur posterité n'en aura-t-elle pas ? Mais ces biens sont-ils des sujets de peine & de maux pour ceux, qui n'en jouïs-

jouïssent pas? Laissons à cet essain d'esprits subalternes des idées aussi ridicules, le bonheur est fait pour tous les états & pour tous les âges; on peut acquérir le plus grand.

Se plaindra-t-on que les talens ne jouïssent pas toujours des avantages qu'ils méritent, & aura-t-on raison de se croire malheureux, parce que malgré les efforts, qu'on a fait pour mériter l'estime du public, & malgré la supériorité de ses lumières, on se voit comme oublié par ses citoïens? La vertu & les lumières de l'esprit n'ont-elles donc de prix, qu'autant que le plus grand nombre les reconnoît,

& les

& les admire, & que ceux à qui il appartient de diſtribuer des récompenſes, les honorent de leur protection? On ſe ſouviendra ſans doute longtemps qu'on a privé la *Le Couvreur* de la ſépulture, tandis qu'on décore les tombeaux de ces petits tirans du peuple, qui avec beaucoup de vices ont encore plus de ridicules : mais il eſt une gloire, que les talens ne manquent jamais d'obtenir. On doit ſe conſoler de ne pas voir les hommes auſſi juſtes, qu'ils devroient l'être. Les vices des autres ne doivent pas nous rendre malheureux.

Croyons donc, Monsieur, qu'il est aussi peu raisonnable aux hommes de se croire malheureux, qu'aux théologiens de regarder cette vie comme un état d'infortune, par où il a plû à Dieu de faire passer les hommes, avant que de les condamner à une éternité de peines, ou de les rendre éternellement heureux.

Si après cela vous me demandez, si je sens en effet que la vie est un bien, & si mes principes ne sont point secrètement démentis au fond de mon ame; je vous répondrai, Monsieur, avec cette franchise, que vous me connoissez, que je crois

crois être heureux. Je sens la vérité que je tâche de vous rendre probable, & dont je ne vous persuaderai peut-être pas.

Distinguez, Monsieur, le sentiment de ces philosophes qui, le compas à la main, trouvent la somme des maux de la vie supérieure à celle des biens, d'avec celui des hommes ordinaires, qui se croyent malheureux parce qu'ils sont injustes. Les premiers pourroient avoir raison, tandis que les derniers seroient très condamnables.

Ces principes s'accordent fort bien avec les idées qu'on doit se faire de la mort, qu'on ne doit, ni defirer, ni craindre. Il eſt un tems préſcrit à tout ce qui n'eſt pas éternel; je n'en preſcrirai jamais à l'amitié tendre, & à l'eſtime que je dois à vos talens & aux qualités de votre cœur. J'ai l'honneur d'être, &c.

DISCOURS

PRONONCÉ

LE JEUDI 6 MARS 1755.

DANS L'ASSEMBLÉE DE L'ACADEMIE
ROÏALE DES SCIENCES ET
BELLES-LETTRES.

Melius est prodesse quam conspici.

MESSIEURS,

Si le jour le plus glorieux est le heureux, celui-ci doit mettre le comble à mon bonheur; il le mettroit sans doute, si je devois à mes talens l'honneur, que vous me faites aujourd'hui.

La place que vous m'accordez, Messieurs, n'est point une récompense, je n'ai sçû la mériter : elle doit servir à m'encourager : & que peut-il en effet y avoir de plus propre à exciter mon émulation ! Mes efforts seront redoublés, & votre indulgence toujours présente à mon esprit, m'inspirera autant de reconnoissance, que de zéle & d'ardeur.

Permettez, Messieurs, puisque tout me rappelle ici les progrès, que les sciences & les arts ont fait parmi nous, depuis le régne de notre auguste Monarque, que j'admire trop pour oser le louer, permettez, dis-je, Messieurs, que je m'arrête un moment, pour vous parler d'une de ces raisons les moins dévelopées, & qui nuisent le plus surement aux progrès des sciences & des arts; je veux parler de la timidité.

Il y a une crainte, qui nait de la pusillanimité : il en est une autre, qui doit son origine à l'amour de la la paix, & à quelques autres motifs, moins nobles & plus communs.

Un homme foible par nature, esclave des idées reçûes, n'ose penser différemment de ses ancêtres; le plus grand nombre de ses idées, est à ses yeux une espece de dépôt sacré, qui lui a été transmis, qu'il n'ose altérer, & où il ne soupçonne peut-être que ce qui n'y est pas. Il combat par le préjugé le plus frivole le mouvement de la terre, & la réforme du Calendrier. Il tremble pour une vérité, qui lui paroit nouvelle. Les preuves les plus propres à entrainer l'assentiment d'un homme raisonnable, lui paroissent convaincantes sans pouvoir le persuader. Le plus beau jour l'éclaire, & lui découvre une route sure, un chemin tout frayé : il s'arrête. La plus petite difficulté lui paroit insurmontable, l'obstacle le plus leger l'étonne, il ne sauroit se demêler des circonstances les moins délicates. C'est en vain qu'on le presse & qu'on l'anime : il n'ose prendre un parti raisonnable, & colore sa foiblesse du grand nom de prudence. Un homme aussi foible est capable, de tous les vices, il refuse son secours à l'opprimé. Une menace l'interdit. Jouët de tous ceux qui savent l'intimider, il n'est plus maître de soi-même, &

la

la vertu n'a plus d'attraits pour lui dès qu'il faut du courage pour l'aimer. Quels progrès peut-il faire dans les sciences, si les préjugés l'empêchent de secouer le joug que ses maîtres lui ont imposé ? Un grand nom, beaucoup de suffrages, l'ancienneté sont autant de tirans qui l'enchaînent. Ce n'est pas l'esprit de doute qui le conduit, c'est l'esprit d'esclavage.

Cette espece de crainte, la plus humiliante pour l'esprit humain, n'est cependant pas la plus dangereuse, parce qu'elle n'est pas la plus commune; elle est pour l'ordinaire assez rare parmi les gens de lettres. Communément les lumiéres de l'esprit élévent nos ames en les éclairant; & si nous restons esclaves, c'est que nous le voulons bien, & que des motifs étrangers domptent le courage, qu'excite en nous la veuë de la vérité.

On fait souvent trop de cas des jugemens & des préjugés du peuple. Le grand nombre nous en impose. Leurs cris nous intimident, ils rallentissent nos efforts, & nous arrêtent au milieu de notre course : comme si cet ancien mot, *Voix du peuple, voix de Dieu*, étoit vrai dans toute son étenduë. C'est à ce motif qu'il faut attribuer ces correctifs, dont les plus grands hom-

hommes ont défiguré leurs idées: il seroit déraisonnable de les condamner toujours, je les comparerois plûtôt dans un assez grand nombre de cas, à de sages péres de famille, qui refusent à leurs enfans une nouriture trop solide. Ils imitent ces anciens philosophes, nos maîtres & nos modeles, qui contents de connoitre l'erreur de l'idolatrie n'avoient garde d'en dissuader le peuple, parce quils n'avoient rien de mieux à substituer à la religion reçûe.

Faudra-t-il des preuves, pour établir la frivolité de ces jugemens, que le vulgaire des hommes s'empresse de porter. Je me rappelle
qu'on

qu'on intenta autrefois des accusations, contre un homme qui avoit fait une montre; qu'on accusa de magie les premiers Chymistes; qu'on s'opposa si vivement aux premiers medecins, qui tenterent d'employer à la guérison de quelques maladies des remèdes chymiques; que pendant longtems on aima mieux exposer les blessés à périr de la gangréne, à laquelle on ne savoit aucun remède, que de leur enlever un membre, sans lequel ils pouvoient vivre, & être utiles à la société.

L'inoculation de la petite vérole, dont l'utilité a été démontrée par un Académicien célébre, & les succès

succès du F. Cosme dans sa façon de tailler la pierre avec un Litothome caché, trouvent aujourd'hui des adversaires par la même raison.

Il n'y a pas 50 ans, que l'usage des vomitifs ne sembloit permis, que lorsque le malade sans espérance n'avoit plus les forces nécessaires pour un semblable remède. Peut-être que la folie cesseroit d'être un mal presqu'incurable, si l'on avoit le courage, ou plûtôt si les préjugés permettoient qu'on affoiblisse le malade jusqu'au point de le voir périr. De célébres Medecins ont tenté ce moyen avec succès.

Il en est des autres sciences, comme de celles dont je viens de parler. Il n'y a pas bien longtems, qu'on auroit passé pour incredule, si l'on avoit osé dire, que la Philosophie ne sauroit démontrer l'immortalité de l'ame, quoiquelle nous la rende très probable.

La Philosophie morale est encore plus sujette à souffrir de la tirannie des préjugés, des usages, peut-être des loix. Il est inutile d'en alléguer des exemples.

Un Philosophe bien célébre, que le choix éclairé du plus grand Roi a mis, Messieurs, à votre tête, assez ami du genre humain pour ne s'occuper que de ce qui peut lui être utile,

utile, a proposé sur l'utilité qu'on pourroit retirer du supplice des criminels, des idées qui n'ont paru étranges, qu'à ceux qui, sans aucune notion sure du bien & du mal moral, ne sont guères redevables à la réfléxion, & à un choix réfléchi, des vertus qu'ils ont. L'Etat est un corps, un membre n'est rien au prix du tout; s'il étoit possible par une expérience cruelle d'apprendre à guérir quelque mal incurable, il seroit juste non seulement de se servir d'un criminel, mais s'il ne s'en trouvoit pas, du citoïen le moins utile à l'Etat. Si l'amour de la patrie parloit aux hommes, si l'on considéroit ce que c'est c'est que la perte d'un citoïen, avancée peut-être de quelques années, au prix de la santé & de la conservation de plusieurs milliers d'hommes, parmi lesquels il y auroit sûrement des citoïens illustres, si enfin le choix du meilleur étoit celui du plus grand nombre, bien éloignés de nous opposer à des idées aussi justes, il pourroit y avoir des cas ou nous nous sacrifierions nous-mêmes au bien public. Mais les préjugés nous dominent. Tel homme condamne ces idées, tandis qu'il soutient que son honneur demande la mort d'un malheureux, dont il a été legèrement offensé.

Les

Les coups d'état dans la politique, objet qui tient le milieu entre le machiavelisme & la superstition, sont encore un exemple frappant de cet esprit de foiblesse, qui règne parmi les hommes.

L'amour propre est une autre raison de notre timidité : nous craignons de hazarder notre réputation, en hazardant nos idées, comme s'il étoit honteux de se tromper quelquefois : il n'y a de honte qu'à ne pas convenir de ses erreurs.

La paresse & l'indolence nous rendent timides, les obstacles se multiplient à nos yeux, nous nous en faisons des monstres, afin d'avoir

voir un prétexte pour excuser notre timidité. On vient à bout de tout, dès qu'on le veut bien : *Non quia difficilia non audemus, sed quia non audemus difficilia sunt.* Il est aussi peu raisonnable de sauter par dessus les moïens, que de les regarder comme impossibles. Vous avez, Messieurs, parmi vous des preuves de ce que l'esprit humain peut faire, lorsque le zéle l'anime à mesure que les decouvertes l'éclairent.

On craint enfin les persécutions, tant de philosophes en ont essuyé : on craint les ridicules, parce qu'il est si facile d'en donner aux idées les plus raisonnables : on craint la perte

perte d'une protection : on craint de s'opposer aux décisions d'un grand homme, préjugé d'autorité, qui n'a pû nuire ni à Quinault, ni au Tasse, malgré la satire de Boileau ; & qui n'a rien ôté à l'admiration qu'on a pour le Cid, malgré le jugement du plus illustre des Cardinaux.

Mais on peut mépriser les persécutions, quand on a le bonheur de ne les pas mériter : on peut opposer aux ridicules le mépris, & à la perte d'une protection cette fermeté d'ame, qui nous en rend véritablement dignes.

L'amour de la paix est souvent une raison bien forte, pour dompter

ter le courage de ceux, qui, malgré la prévention & les suffrages du public, ont assez de pénétration & de jugement, pour appercevoir la vérité au travers des nuages dont elle est envelopée. On sçait qu'un homme, qui, sans égard à tout motif étranger, ose parler & vivre comme il pense, est un fléau pour la société : victime de la vérité, il paroit à ses concitoïens injustes un objet digne de haine & de mépris. L'homme le plus insensible ne peut regarder de sang froid un jugement aussi peu mérité : il céde au torrent qui l'entraine malgré lui, les attraits d'une douce tranquilité le seduisent, il se tait.

Si un homme de lettres tenant le juste milieu entre la timidité & la suffisance, se contentoit de péser les

les suffrages, & méprisoit les traits, qui partent d'un main aveugle, l'amour de la paix rallentiroit moins ses efforts.

Il n'est pas nécessaire de faire ici l'éloge du courage : que de belles actions, que d'actions utiles n'auroient jamais été faites, si la timidité eut dominé tous les hommes! Ou en serions nous, si personne n'avoit osé traverser les mers, parcourir des chemins impraticables, s'exposer aux fureurs de ses lâches ennemis, sacrifier sa fortune & sa santé à l'étude la plus penible, chercher dans les expériences les plus délicates, & les plus dangereuses, les moyens de guérir quelques maux, ou de faire quelques découvertes utiles, fronder les préjugés les plus communs pour établir

quel-

quelques vérités? Que d'obligations n'a-t-on pas à ceux, que l'amour de la patrie & de la gloire a rendus immortels!

Ce qui m'a toujours surpris, c'est de voir les plus grands généraux affronter tous les périls, & plier bassement pour les avantages les moins glorieux, & les moins importans.

On voit quelquefois ce qu'il faudroit faire, ce qu'on doit dire, ce qui est vrai: on prend même une résolution digne d'un ami de la vérité: mais ce desir né subitement, ressemble à ces météores qui ne brillent dans les airs, que pour être dissipés aussi-tôt. La parole est sur nos lévres, mais elle y expire avant que de naître.

Il en est du courage comme de toutes

toutes les vertus : il est difficile quelquefois de distinguer l'hypocrite de l'homme véritablement vertueux. L'ombre, ou le masque, nous paroit la vertu même. Il est un moment critique où la vérité reprend ses droits. Ces derniers momens si propres à démasquer l'hypocrisie, decident du courage.

Ce qu'il y a de difficile à déterminer, c'est le point où le courage commence à devenir témérité. Je serois tenté de croire que cela arrive lorsque les lumières manquent. C'est une témérité, que d'attaquer son ennemi dans les ténèbres : il faut voir le danger, & connoître ses forces. Un zéle aveugle approche bien de la folie.

Le véritable courage consiste à choisir le meilleur sans aucune espece

espece de regret, quelque perte qu'on fasse, & sans aucune difficulté, quelque sensible qu'on ait lieu d'être aux inconvéniens, qui nous en reviennent.

Qui ne voit, que les lumiéres de l'esprit sont, après l'amour de la patrie, la véritable source de cette Vertu.

Non sibi, disoit un Ancien, *sed toti genitum se credere mundo.* Nous voyons, Messieurs, ou plutôt nous admirons les effets d'un principe aussi sage. Les siècles à venir liront l'histoire de ce régne avec étonnement & avec admiration: ils y verront les fruits d'un courage éclairé.

ERRATA.

p. 25. Note. *Alcidius:* lisez *Alcidalius.*
p. 192. l. 3. Anotomistes: l. Anatomistes.
p. 247. l. 16. faits le: l. faits pour le.

SUPPLÉMENT
AU
CATALOGUE
DES
LIVRES
nouvellement imprimés tant
dans les
PAYS ETRANGERS
que
chez E. DE BOURDEAUX
LIBRAIRE DU ROY ET DE LA
COUR.

A BERLIN
MDCCLV.

L'Abeille du Parnasse 10 Vol. 8vo. Berlin 1750-1755. Ces dix Tomes forment un Recueil complet de Pieces choisies, qui sont généralement parlant d'un très bon goût, & tout à fait interessantes.

Abrégé de l'Histoire Universelle, à l'usage de la Famille Royale de Prusse, par feu Mr. La Croze, revû, continué & enrichi de quelques notes, par Mr. Formey, 8vo 1755.

L'Amour propre sacrifié. 4 Vol. 8vo Paris, 1755.

Bramine (le) inspiré. 8vo Berlin, 1751.

Bagatelles morales. 8vo Paris, 1755.

Comédies choisies de Mr. le Baron de Bielefeld. 8vo Berlin, 1754.

Catalogue Raisonné de la Librairie d'Etienne de Bourdeaux, Tome I. & II. le 3me Volume & les suivants sous-presse. Outre l'anonnce de ce que contient, & reçoit continuellement cette Librairie, on ajoute à la suite de chaque Article dans le Catalogue un Extrait raisonné de chaque livre, Extrait qui donne une juste con-

connoissance de l'excellence ou de la médiocrité de tous les Ouvrages. Berlin, 1755.

Commencemens (Les) & les Progrès de la vraye piété, par *Doddrige*; traduit de l'Anglois par Vernede 2 Vol. 8vo. Berlin, 1752.

Considérations sur les Mœurs de ce Siècle par Mr. *du Clos*. 8vo Berlin, 1751.

Calendrier des Laboureurs. 8. Paris, 1755.

Dissertations sur les Religions. 8vo Paris, 1755.

Dictionaire de l'Encyclopédie. *folio*. Tome 4. Paris, 1755.

L'Etourdie, ou Histoire de Mis Betsy Tatles. Traduit de l'Anglois. 4 Vol. 8vo Berlin, 1754.

Entretiens sur les Romans. 8vo Paris, 1755.

Fables & Contes. 8vo Paris, 1755.

Folie (La) de l'amour. 8vo Paris, 1755.

Histoire des Passions, ou Avantures du Chevalier *Strop*, traduit de l'Anglois par Mr. *Toussaint*. 2 Vol. 8vo Berlin, 1751.

Histoire de France par *Velly*. 2 Vol. 8vo Paris, 1755.

Histoire d'une jeune Sauvage. 8vo Paris, 1755.

Histoire de *Martinus Scriblerus*. 8vo Paris, 1755.

Journal

Journal Epistolaire, par Mr. *Formey*, Tome I. Partie I. Berlin, 1755. Ce Journal paroit réguliérement tous les trois mois; la matière en est la même que celle des Journaux, & la forme épistolaire; on se propose dans cet Ouvrage de donner une suite de Lettres, comme les feuilles des Abbés *des Fontaines, Granet, Freron, la Porte*, &c. & elles ont même cette prérogative, c'est qu'elles sont adressées à des personnes réelles, mais que l'Auteur désigne seulement par des Lettres initiales, pour laisser au Lecteur le plaisir de deviner; à la fin on pourra donner une clef de ces Lettres initiales.

Imitation d'Anacréon. 12mo Berlin, 1754.

L'Inconstante punie. 2 Vol. 8vo Paris, 1755.

Lettres sur l'Histoire, par Mylord *Bolingbroke, Traduites de l'Anglois*, contenant l'Etude & l'usage de l'Histoire; une Esquisse Historique de l'état de l'Europe depuis le traité des Pyrénées jusqu'à celui d'Utrecht, une Lettre à Mylord *Batburst*, & des Réflexions sur l'exil. 2 Vol. 8vo Berlin, 1752.

Lettres sur la Prédication, adressées à Messieurs *Pajon & Simon*, Ministres à Leipzig & à Buchholtz, par Mr. le Professeur *Formey*. 8vo Berlin, 1753.

Lettre

Lettre de Mr. *Grauman*, concernant les Monnoyes d'Allemagnes, celles de diverses Nations, & singuliérement celles du Duché de Brunswik. 8vo Berlin, 1752.

Lettre sur le progrès des Sciences, par Mr. *de Maupertuis*. 8vo Berlin, 1752.

Lettres (Trois) au Public, de main de Maitre. 8vo Berlin, 1753.

Mémoires Secrets de Mylord *Bolingbroke*, sur les affaires d'Angleterre depuis 1710. jusqu'en 1716. & plusieurs intrigues à la Cour de France &c. 2 Vol. 12mo Berlin, 1754.

Mémoires pour servir à l'Histoire des Mœurs du XVIII. Siécle par le même. 8vo Berlin, 1752.

Minakalis, Conte Siamois. 8vo Paris, 1755.

Nouveaux sujets de Peinture. 8vo Paris, 1755.

Pyrrhonisme (Le) raisonnable, par Mr. de *Beausobre*, auquel on à joint son discours à sa réception à l'Académie Royale de Berlin &c. 12mo Berlin, 1755.

Paradoxes Métaphysiques. 8vo Paris, 1755.

Prix (le) des talens. 8vo Paris, 1755.

Recueil de diverses Pieces servant de supplément aux Lettres sur la Religion essentielle à l'homme, par Madlle. *Hubert*. 2 Vol. 8. Berlin, 1754.

Recueil des rits & coutumes du *Pélerinage* de la Mecque. 8vo Paris 1755.

Sermons de Mr. Lenfant, augmentés d'un Sermon du même Auteur qui n'avoit jamais paru, & de l'Abrégé de sa vie. 8vo Berlin, 1754.

Sylla, Piece Dramatique, de main de Maitre. 8vo Berlin, 1754.

Traité de la Diction, par Esteve. 8vo Paris 1755.

Triumvirat (le), Tragédie. 8. Paris, 1755.

Tuteurs (les), Comédie. 8vo Paris, 1755.

Mémoires pour servir à l'Histoire du Port-Royal, par M. *Fontaine*. à Cologne, 1753. en quatre Tomes Paris 1754. *in 12mo*.

Traitemens, ou Curations de toutes les Maladies; traduit du Latin de Mr. *Lazerme*, Conseiller du Roi, Professeur en Medecine de la Faculté de Montpellier; avec un Traité des Maladies Vénériennes, par M. *Didier Desmarets*, Medecins de la même Faculté. à Paris, 1753. 2 Volumes *in 12mo*.

Lectures Serieuses & Amusantes. à Geneve 1753. 4 Tomes *in 12mo*.

L'Esprit de Fontenelle, ou Recueil de pensées tirées de ses Ouvrages. à la Haye, 1753. *in 12mo*.

L'Esprit

L'Esprit de Montaigne, ou les Maximes, Pensées, Jugemens, & Réfléxions de cet Auteur, rédigés par ordre de matiere. à Berlin, 1753. in 12mo.

Procès criminels des Comtes d'Egmont, du Prince de Horne, & autres Seigneurs Flamands, faits par le Duc d'Albe, de l'ordre de Philippe II. Roi d'Espagne. à Amsterd. 1753. 2 Volumes *in octavo*.

Songes physiques. à Amsterdam, 1753. *in octavo*.

Lettres flamandes, ou Histoire des variations & contradictions de la prétenduë Religion Naturelle. à Mons, 1753. in 12mo.

Le Plaisir & l'innocence, Opéra Comique en un Acte, par *M. Parmentier*. à Paris, 1753. in octavo.

Mémoires de *Martin & Guillaume du Bellay-Langey*, mis dans un nouveau style; auxquels on a joint les Mémoires du Maréchal *de Fleuranges*, qui n'avoient point encore été publiés, & le Journal de *Louïse de Savoye*. Le tout accompagné de Notes Critiques & Historiques, & de Pieces Justificatives, pour servir à l'Histoire du Régne de François I. par M. l'Abbé *Lambert*. à Paris, 1753. en sept Volumes, in 12mo.

Lettre sur l'Exposition des Tableaux. Lettre à M. le Marquis de V.**** 1753. *in 12mo.*

Lettre à un Amateur, en réponse aux Critiques, qui ont paru sur l'exposition des Tableaux. sans titre *in octavo.*

La Peinture. Ode de Mylord *Telliab.* Traduite de l'Anglois, par N.*** un des Auteurs de l'Encyclopedie. à Londres 1753. *in octavo.*

Vie de *Grotius*, avec l'Histoire de ses Ouvrages, & des Négociations auxquelles il fut employé, par *M. de Burigni*, avec de nouvelles Remarques. à Amsterdam, 1754. 2 Tomes, *in 12mo.*

Pensées sur l'Interprétation de la Nature. 1754. *in octavo.*

Lettres sur l'Harmonie, par *Mr. Rousseau in octavo.* 1754.

Gerardi L. B. van Swieten, Augustiss. Imperator. & Imperatric. à Consiliis, Archiat. Com. Bibliotheca Augusta Præfecti, Inclyt. Facult. Medic. Vienn. Præsidis perpetui, nec non Academiæ Reg. Scient. & Chirurg Paris, Instit. Bononiens. & Litter. incognitor Membri, Commentaria in Hermanni Bœrhaave *Aphorismos de cognoscendis & curandis morbis.* Tomus tertius. Lugd. Bat. 1753. *in 4to.*

Entre-

Entretien d'un Européan avec un Insulaire du Royaume de *Dumocala*, par le R. D. P. D. D. L. E. D. B. Nouvelle Edition, à laquelle on a joint les Extraits & les Jugemens qui ont paru dans quelques Journaux. 1754. *in 12mo.*

Lettres Critiques sur les *Lettres Philosophiques* de Mr. *de Voltaire*, par rapport à nôtre Ame, à sa spiritualité, & à son immortalité, avec la Défense des *Pensées de Pascal* contre la Critique du même Mr. *de Voltaire*, par M*** *Stribimus indocti doctique*. à Paris & à Lille, 1753. *in octavo.*

Mirza & Fatmé, Conte Indien. Traduit de l'Arabe. à la Haye, 1754. *in octavo.*

Mémoires de deux Amis, ou les Avantures de *Mrs. Barnival & Rinville*, par *Mr. de Lasolle.* 1754. 4 Tomes, *in octavo.*

Traité de la petite Guerre pour les Compagnies franches, dans lequel on voit leur utilité, la différence de leur service d'avec celui des autres Corps, la maniére la plus avantageuse de les conduire, de les équiper, de les commander & de les discipliner, & les ruses de Guerre, qui leur sont propres, par *M. de la Croix.* ı Paris, 1752. in 12.

Essais Historiques sur Paris, de Monsieur *de Saintfoix*. à Londres, 1754. *In octavo.*

Lettres

Lettres Historiques & Philologiques du Comte *d'Orreri*, sur la Vie & les Ouvrages de *Swift*. Pour servir de Supplément au Spectateur moderne de *Steele*.

Hæc sunt quæ nostra liceat te voce moneri.
Vade age . . . . *Virg.*
à Londres, 1753. *in 8vo.*

Mélanges de Litterature, d'Histoire, & de Philosophie. à Berlin, 1753. 2 Tomes, *in 8vo.*

Procès (le) *sans fin*, ou l'Histoire de *John Bull*, publié sur un *Manuscrit* trouvé dans le Cabinet du fameux Sire *Humfroy Polesworth*, en l'année 1712. par le Docteur *Swift*. à Londres, 1753. *in 8vo.*

Instructions Militaires. à Paris, 1753. gr. *in 8vo.* avec figures.

Poësies (les) *d'Horace*, traduites en François. Nouvelle Edition, à Paris, 1753. 2 Tomes.

Ornemens (les) *de la Mémoire*, ou les Traits brillans des Poëtes François les plus célébres: avec des Dissertations sur chaque genre de Style, pour perfectionner l'éducation de la Jeunesse, tant de l'un que de l'autre sexe. à Paris, 1752. *in 12mo.*

Algerien (l'), ou les Muses Comédiennes. Comédie Ballet en trois Actes & en Vers. Précédée d'un Prologue. Représentée sur le Théatre

Théatre de la Comédie Françoife le 14 Septembre, 1744. à l'occafion de la convalescence du Roi, par M. *de Cahufac*. à Paris, 1744. *in* 8*vo*.

Danfe (la) ancienne & moderne, ou Traité Hiftorique de la Danfe, par Mr. *de Cahufac*, de l'Académie Royale des Sciences & Belles-Lettres de *Pruffe*. à la Haye, 1754. 2 Tomes, *in* 12mo.

Supplément au Journal Hiftorique du Voyage à l'Equateur, & au Livre de la Mefure des trois premiers Degrés du Méridien, pour fervir de réponfe aux Objections de Mr. B. par Mr. *de la Condamine*.

I, demens, & fævas curre per Alpes.
à Paris, 1754. *in quarto*.   Juv. Sat. X.

Hiftoire (l) des Imaginations extravagantes de Monf. *Oufle*, fervant de préfervatif contre la lecture des Livres qui traittent de la Magie, du Grimoire, des Démoniaques, Sorciers, Loups-Garoux, Incubes, Succubes & du Sabbat; des Efprits-Folets, Génies, Phantômes & autres Revenans; des Songes, de la Pierre Philofophale, de l'Aftrologie Judiciaire, des Horofcopes, Talismans, Jours heureux & malheureux, Eclipfes, Cometes; & enfin de toutes les fortes d'Apparitions, de Divinations, de Sortilèges, d'Enchanchantemens, & d'autres superstitieuses pratiques. Avec un très-grand nombre de Notes curieuses, qui rapportent fidélement les endroits des Livres qui ont causé ces imaginations, & qui les combattent. Le tout enrichi de Figures, & notamment de celle qui représente le Sabbat. à Paris, 1754. Cinq Parties, *in 8vo.*

Recherches sur differens points importans du Systême du Monde, par M. *d'Alembert.* des Académies Royales des Sciences de France & de Prusse, & de la Société Royale de Londres. à Paris, 1754. 2 Tomes, petit *in* 4to.

Traité des Legions, ou Mémoires sur l'Infanterie. Quatriéme Edition. à la Haye, 1754. *in* 12mo.

Grammaire Générale & raisonnée, contenant les fondemens de l'Art de parler, expliqués d'une maniere claire & naturelle: les raisons de ce qui est commun à toutes les Langue, & des principales différences qui s'y rencontrent ; & plusieurs Remarques nouvelles sur la Langue Françoise. à Paris, 1754.

Mémoires pour servir à l'Histoire de la République des Provinces Unies & des Pays-Bas ; contenant les Vies des Princes d'Orange, de *Barneveld, d'Aerssens,* & *de Grotius.*

Per

Per *Aubry du Mouriez*. Donnés avec des Notes Politiques, Historiques, & Critiques. Par *Amelot de la Houssaye*. Tirés de son propre Original. à Londres, 1754. 2 Tomes, *in 12mo*.

Ecole (l) *des Tuteurs*, Opéra Comique, par M. *Rochon de la Valette*. Réprésenté le 4 Fevrier, 1754. sur le Théatre de l'Opéra-Comique. à Paris. 1754. *in octavo*.

Histoire amoureuse des Gaules, par le Comte de *Bussi-Rabutin*. 1754. 2 Tomes, *in 12m*.

Recueil noté de Chansons de M. *Vadé*, à la Halvilavergerricomique. 1754. *in octavo*.

Castor & Pollux, Parodie nouvelle représentée sur le Theatre de *** le Lundi 14 Janvier, 1754. Premiere & derniere Edition. à Bruxelles, 1754. *in octavo*.

Peruvienne (la), Opera Comique, par M. *Rochon de Chabannes*. Représentée pour la premiere fois sur le Théatre de la Foire S. Germain, le 23 Mars 1754. à Paris, 1754. *in octavo*.

Bertholde à la Ville, Opéra Comique en un Acte, représenté pour la premiere fois sur le Théatre de la Foire S. Germain, le 9 Mars, 1754. à Paris, 1754. *in octavo*.

Memoires pour servir à l'Histoire de M. le Chevalier *de Folard*. à Ratisbonne, 1753. *in 12mo*.

Retour (le) du Goût, Comédie en un Acte & en Vers libres; avec un Divertissement, par *M. de Chevrier*. Représentée pour la premiere fois par les Comédiens Italiens Ordinaires du Roi, le Lundi 25. Fevrier, 1754.

L'amour fit le serment, l'amour l'a violé.
Racine, Baj.

Adieux (les) du Goût, Comédie en un Acte & en Vers, avec un Divertissement, représentée pour la premiere fois par les Comédiens François Ordinaires du Roi, le Mecredi 13 Fevrier 1754.

Scribendi recte sapere est. & principium & fons.
Horat. Art. Poet.

à Paris, 1754. *in* 12mo.

Trompeur (le) Trompé, ou la Rencontre imprévuë, Opera Comique en un Acte, par *M. Vadé*. Représenté pour la premiere fois sur le Théatre de la Foire S. Germain le 18 Fevrier, 1754. à Paris, 1754. *in octavo*.

Mémoires de Justine, ou les Confessions d'une Fille du Monde, qui s'est retirée en Province. à Londres. 1754. 2 parties, *in octavo*.

Oeuvres de Monsieur *Houdar de la Motte*, l'un des Quarante de l'Académie Françoise. à Paris, 1754. 11 Tomes, *in* 12mo.

Essai

Essai sur la difference du nombre des hommes dans le tems anciens & modernes, dans lequel on établit qu'il étoit plus considerable dans l'Antiquité.
Terra antiqua potens armis, atque ubere glebæ.
Traduit de l'Anglois de M. R. *Wallace*, Chapelain de S. M. B. & Membre de la Société Philosophique d'Edimbourg; par M. *de Joncourt*, Professeur des Langues étrangeres à Paris. à Londres, 1754. *in octavo.*

Essais sur divers sujets de Littérature & de Morale, par M. l'Abbé *Trublet*, de l'Académie Royale des Sciences & Belles-Letres de Prusse, Archidiacre & Chanoine de S. Malo. Tome III. à Paris, 1754. *in 12mo.*

Mélanges Historiques & Philologiques avec des Notes Historiques & Critiques, par M. *Michault*, Avocat au Parlement de Dijon. à Paris, 1754. 2 Tomes, *in 12mo.*

Elemens du Commerce.
  Nulla magis præsens fortuna laborum.
    Georg. Liv. III.
à Leyde, 1752. 2 Tomes, *in 12mo.*

Palais (le) du Silence. Conte Philosophique. à Amsterdam. 1754. 2 Tomes, *in 12mo.*

Recueil des Lettres de Madame la Marquise

quife de *Sevigné* à Madame la Comteſſe de *Grignan*, ſa fille. Nouvelle Edition augmentée. 8 Tomes, à Paris, 1754. in 12mo.

Remarques ſur les avantages & les desavantages de la France & de la Gr. Bretagne, par rapport au Commerce & aux autres ſources de la Puiſſance des Etats. Traduction de l'Anglois du Chevalier *John Nickolls*. à Leyde, 1754. *in 12mo.*

Hiſtoire des Empereurs Romains depuis Auguſte juſqu'à Conſtantin, par M. *Crevier*, Profeſſeur Emérite de Rhétorique au Collége de Beauvais. Tomes IX. & X. à Paris, 1754. *in 12mo.*

Ces deux Volumes vont depuis *Pertinax* juſqu'à *Galien*, & comprennent les années de J. C. 103-268.

Oeuvres diverſes de Pope, traduites de l'Anglois. Nouvelle Edition, conſidérablement augmentée, avec de très belles Figures en taille-douce. à Amſterdam & à Leipſig, 1754. 6 Tomes, *in 12mo.*

Theatre (le) de M. de *Marivaux*, de l'Académie Françoiſe. Nouvelle Edition. à Amſterdam & à Leipſig, 1754. 4 Tomes, *in 12mo.*

Hiſtoire des Conjurations, Conſpirations, & Révolutions célèbres, tant anciennes que moder-

modernes ; Dédiée à S. A. S. Monseigneur le Duc d'Orléans, Premier Prince du sang. Par M. *Du Port du Tertre*. à Paris, 1754. 3 Tomes, in 12mo.

Histoire générale des Voyages, ou Nouvelle Collection de toutes les Relations de Voyage par Mer & par Terre, qui ont été publiées jusqu'à présent dans les différentes Langues de toutes les Nations conuës ; avec Cartes & Figures, qui ont été gravées par & sous la direction de J. *van der Schley*, Eléve distingué du célébre *Picart le Romain*. Tome X. à la Haye. 1753. *in quarto*.

Essai sur la formation des Corps organisés. à Berlin. 1754. *in 12mo*.

Mélanges de Morale & de la Littérature, publiés par *M. Bar*. à Strasbourg. 1754. *in octavo*.

Amusemens Philosophiques & Littéraires de deux Amis. à Paris, 1754. *in octavo*.

Réflexions d'un Patriote sur l'Opéra François & sur l'Opéra Italien, qui présentent le parallele du goût des deux Nations dans les beaux Arts. à Lausanne. 1754. *in octavo*.

Poesies variées de M. *de Coulange*. Divisées en quatre Livres. à Paris. 1753. *in octavo*.

ΤΙΜΑΙΟΥ ΣΟΦΙΣΤΟΥ ΛΕΞΙΚΟΝ περὶ τῶν παρὰ Πλάτωνι λέξεων. *Timaei Sophistæ Lexicon*

Lexicon Vocum Platonicarum, Ex Codice MS. Sangermanensi nunc primum edidit, atque animadversionibus illustravit David RUHNKENIUS. Lugduni Batavorum, 1754. in octavo.

Dissertation Historique & Critique, pour servir à l'Histoire des premiers tems de la Monarchie Françoise. *Oculis ægris odiosa est lux, quæ puris est amabilis.* La lumiere de la vérité ne blesse que des esprits malades: elle fait les délices des ames exemtes de passion & de préjugé. *S. Augustin.* à Colmar, 1754. 2 Parties, *in* 12mo.

Examen du Materialisme, rélativement à la Metaphysique, par M. *Deneste.* à Paris, 1754. 2 Tomes, *in* 12mo.

Génération (la) de l'Homme, ou Tableau de l'Amour conjugal, consideré dans l'état du Mariage. Par M. *Nicolas Venette*, Docteur en Medecine. Nouvelle Edition revuë, corrigée, & augmentée de Remarques importantes, par M. F. P. D. E. & enrichie de nouvelles figures plus grandes & plus exactes que dans les Editions précédentes, à Londres, 1751. 2 Tomes, *in* 12mo.

Juris Naturalis Elementa, Auctore J. J. Barlamaqui, in Republica Genevensi Senatore, & antehac Juris Naturalis & Civilis Professore. Genevæ. 1754. *in octavo.*   *Essai*

Essai sur les troubles actuels de Perse & de Géorgie, par M. *de P****. à Paris, 1754. *in octavo*.

Histoire moderne des Chinois, des Japonois, des Indiens, des Persans, des Turcs, des Russiens, &c. pour servir de suite à l'Histoire ancienne de M. *Rollin*. Tome I. & II. à Paris, 1754. *in 12mo*.

Discours sur l'Architecture, où l'on fait voir combien il seroit important que l'Etude de cet Art fît partie de l'éducation des personnes de naissance; à la suite duquel on propose une maniere de l'enseigner en peu de tems. Par M. *Patte*, Architecte. à Paris, 1754. *in octavo*.

Bonheur (Le,) ou Nouveau Systême de Jurisprudence naturelle. à Berlin, 1754. *in octavo*.

Victoires Mémorables des François, ou les Descriptions des batailles célébres, depuis le commencement de la Monarchie jusqu'à la fin du Régne de *Louis XIV*. à Paris, 1754. 2 Volumes, *in 12mo*.

Carmentiere, ou les Engagemens rompus par l'Amour.
Præsens, præterito juvat empta dolore voluptas.
Joannis Owen Epigr.
à Amsterdam, 1754. 2 Parties, *in 12mo*.

Grelot

Grelot (le,) ou Les &c. &c. &c. Ouvrage dédié à moi.

Diffisa nate.   *Pepedi* Hor.

Ici. à présent. 2 Parties, *in octavo*.

Idée du Siecle Littéraire présent, réduit à six vrais Auteurs. Une feuille, *in 12mo*.

Taille (la) latérale, s'exécute t-elle plus surement & plus facilement avec l'instrument connu sous le nom de *Lithotome caché*? Question Medico-Chirurgicale, discutée dans les Ecoles de la Faculté de Medecine de Paris, le 25 Avril, 1754. sous la Présidence de *M. Claude Thomas Guillaume Guilbert de Préval*, Docteur Régent de ladite Faculté; & proposée par *Henri-Jacques Macquart*, Docteur en Medecine de la Faculté de Rheims, & Bachelier de celle de Paris. à Paris. 1754.

Memoires de la Cour d'Auguste, tirés de l'Anglois du Docteur *Thomas Blackwell*, dédiés à Monseigneur le Duc *d'Aiguillon*, Pair de France. à Paris, 1754, *in 12mo*.

Double (la) Beauté, Roman Etranger. à Cantorbery, 1754. *in 12mo*.

Morale des Princes, Traduite de l'Italien du Comte *J. B. Comazzi*. à Paris, 1754. 4 Parties, *in 12mo*.

Juge

Juge (le) Prévenu, par *Madame de V***** à Londres, 1754. 4 Parties, *in 12mo.*

Gouvernement (du) Civil, par *Mr. Locke.* Traduit de l'Anglois. Cinquième Edition, exactement revuë & corrigée fur la 5e. Edition de Londres, & augmentée de quelques Notes; Par L. C, R. D. M. A. D. P. à Amſterdam. 1755. *in 12mo.*

Diſcours Politiques de *Mr. David Hume,* traduits de l'Anglois, par *Mr. de M****.* à Amſterdam, 1754. *in 12mo.*

Eſſai de Pſychologie; ou Conſidérations ſur les Opérations de l'Ame, ſur l'Habitude, & ſur l'Education; auxquelles on a ajouté des Principes Philoſophiques ſur la Cauſe premiere & ſon effet. Londres. 1755. *in 12mo.*

Philoſophe (le) Chrétien, par *Mr. Formey. Inuncui vivite, Numen adeſt.* Tome III. à Leyde. 1755. *in 12mo.*

Spectacle (le) de la Vie humaine, ou Leçons de Sageſſe, exprimées avec art, en 10 Tableaux en Taille-douce, dont les ſujets ſont tirés d'*Horace* par l'ingénieux *Otbon Vaenius,* accompagnés non ſeulement des principales *Maximes* de la *Morale,* en Vers François, Hollandois, Latins, & Allemands, mais encore par des Explications très belles

ſur

sur chaque Tableau, par feu le savant & très célébre *Jean le Clerc*. à la Haye. 1755. *in quarto*.

Reveries Poëtiques sur des Sujets différens.
J'occupe mon esprit d'utiles rêveries.
Boileau Despreaux. Ep. IV. v. 26.
Par l'Auteur des *Epitres diverses*. Tome troisième. à Amsterdam, 1755 *in octavo*.

Dissertations sur l'incompatibilité de l'Attraction & de ses différentes loix, avec les phenomenes, & sur les tuyaux capillaires. Par le P. *Gerdil*, Barnabite, Professeur de Philosophie Morale en la Royale Université de *Turin*, & de l'Institut de *Bologne*. à Paris, 1754. *in 12mo*.

L'Esprit de l'Art Musical, ou Réfléxions sur la Musique & ses différentes Parties. Par *C. H. Blainville*, à Geneve, 1754. gr. *in octavo*.

Ecole du Gentilhomme, ou Entretiens de feu Mr. le Chevalier de B... avec le Comte son Neveu, sur l'Heroïsme & le Heros. Publiés par Mr. *M. B. de G.... Familiarisons les jeunes gens avec la perfection de l'état auquel leur naissance les appelle.* à Lausanne. 1754. *in 12mo*

Philosophie (la) applicable à tous les objets de l'Esprit & de la Raison. Ouvrage en
Riste.

Réfléxions détachées. Par feu *M. l'Abbé Terruffon*, de l'Académie Françoife, & Affocié à celles des Sciences de Paris & de Berlin. Précedé des Réfléxions de *M. d'Alembert*, de l'Académie des Sciences; d'une Lettre de *M. de Moncrif*, de l'Académie Françoife; & d'une autre Lettre de *M**** fur la Perfonne & les Ouvrages de l'Auteur. à Paris, 1754. *in octavo*.

Pléïade (la) *Françoife*, ou l'Efprit des fept plus grands Poëtes. à Berlin. 1744. 2 Tomes, *in* 12mo.

Mœurs & Coutumes des Romains, par M. *Bridault*, Maître de Penfion. à Paris, 1754. 2 Tomes, *in* 12mo.

Differtation fur les tremblements de Terre & les éruptions de feu, qui firent échouer le projet formé par l'Empereur *Julien* de rebâtir le Temple de *Jerufalem*, où l'on prouve l'action immédiate de la Providence, ou un Miracle proprement dit, pour maintenir la vérité des Prophéties contre l'attaque réunie des Juifs & des Payens. Par M. *Warburton*, Orateur de l'honorable Société de *Lincolns-Inn*. *Et cadent in ore gladii, & captivi ducentur in omnes gentes, & Jerufalem calcabitur a gentibus, donec impleantur tempora Nationum*. Luc. XXI. 24. à Paris, 1754. *in* 12mo.

Ecole (I) *d'Uranie*, ou l'Art de la Peinture, traduit du Latin d'*Alph. Du Fresnoy*, & de M. l'Abbé *de Marsy*, avec des Rémarques. Edition revûë & corrigée. Par le Sieur M. D. Q. à Paris. 1753. *in 8vo.*

Albini (B. S,) Academicarum Annotationum Liber *Primus* continet Anatomica, Physiologica, Zoographica. Leidæ, 1754. *in quarto,*

Principes de Litterature; nouvelle Edition, contenant les Beaux arts réduits à un même Principe, avec deux petits traités, l'un sur l'Art, & l'autre sur la Musique, la *Peinture*, & la *Poësie*: traduit de l'Anglois. 3 Volum.

Outre les Nouveautés indiquées ici, on trouve à Berlin chez ledit *Etienne de Bourdeaux*, un assortiment complet des Livres les plus dignes des Bibliotheques, soit pour le choix des matieres, soit des meilleures Editions, que l'on peut acquerir chez *Luy*, le tout, à un prix, & à des conditions très favorables.

www.ingramcontent.com/pod-product-compliance
Lightning Source LLC
Chambersburg PA
CBHW060653170426
43199CB00012B/1779